Curso

La diferencia entre aprobar
y sacar plaza

Auxiliar de Servicios Generales

AYUNTAMIENTO DE ALICANTE

Si aún no dispones de tu **Curso MAD360**, te ofrecemos un acceso GRATIS de 30 días para que disfrutes de los siguientes recursos:

- Técnicas de Memoria 360.
- MADTEST: Test *online* Nivel PRO.
- Temario en formato digital.
- Vídeos y esquemas.
- Planificación de estudio.
- Foro entre opositores hasta la fecha del examen.*
- Recursos y novedades exclusivas.
- Consúltanos sobre tu oposición y proceso selectivo.
- Actualizaciones legislativas (Boletines Oficiales) hasta 60 días antes de la fecha del examen.*

Para acceder a esta prueba del Curso MAD360** será necesaria la compra de todos los libros para esta especialidad de la edición 2025.

Regístrate en **mad.es/iniciar-sesion** y en la pestaña MIS CURSOS valida los códigos que encuentras en la última página de tus libros.

NOTA IMPORTANTE:

* Examen de esta categoría profesional correspondiente a la convocatoria publicada en el BOE n.º 255, de 23 de octubre de 2025, o hasta el 31 de diciembre de 2026, lo que se cumpla antes, y previa renovación del servicio.

** El acceso al CURSO MAD360 estará disponible desde diciembre de 2025 (algunos recursos podrían estar disponibles en fecha posterior). Tendrá una duración de 30 días RENOVABLES mediante pago, desde la validación de códigos, o hasta el 30 de junio de 2027, lo que se cumpla antes.

MAD se reserva el derecho a ampliar dichas fechas.

Auxiliar de Servicios Generales del Ayuntamiento de Alicante

Noviembre 2025

Auxiliar de Servicios Generales del Ayuntamiento de Alicante

Test del temario

Autores

FRANCISCO JESÚS TORRES FONSECA
Licenciado en Derecho

MAGALÍ RIERA ROCA
Licenciada en Derecho

LIDIA MARINA PONCE MARTÍNEZ
Licenciada en Psicología

JOSÉ LUIS GARRIDO VELA
Licenciado en Derecho

© 7 Editores Recursos para la Cualificación Profesional y el Empleo, S.L. (7 Editores)
© Los autores
Primera edición, noviembre 2025 (290 páginas)
Derechos de edición reservados a favor de 7 Editores
IMPRESO EN ESPAÑA
Diseño Portada: 7 Editores
Edita: 7 Editores
Avda. San Francisco Javier, 9 · Edificio Sevilla 2 · Planta 11 · Módulos 25-27 · 41018 Sevilla
Teléfono: 954 784 411 · WEB: www.mad.es · e-mail: administracion@7editores.com
ISBN: 979-13-702-8269-1
© "Editorial Mad" y "Eduforma" son nombres comerciales registrados de
7 Editores Recursos para la Cualificación Profesional y el Empleo, S.L.

Índice

SUPUESTOS PRÁCTICOS

GRUPO I
TEMARIO GENERAL

TEST

La Constitución Española de 1978. Estructura

1. ¿En qué se fundamenta la Constitución Española?

a) En un Estado social y democrático de Derecho.
b) En la indisoluble unidad de la Nación española.
c) En la independencia de los poderes del Estado.
d) En la organización territorial del Estado.

2. Según el artículo 3 de la CE, el castellano es la lengua oficial del Estado y todos los españoles:

a) Tienen el deber de usar y el derecho de conocer el castellano.
b) Tienen el derecho y el deber de conocer el castellano.
c) Tienen el deber de conocer y el derecho de usar el castellano.
d) Tienen el derecho de conocer y usar el castellano.

3. La Constitución Española reconoce y garantiza el derecho a la autonomía:

a) De las nacionalidades que la integran.
b) De las regiones que la integran.
c) De las Comunidades Autónomas que la integran.
d) De las nacionalidades y regiones que la integran.

4. El Preámbulo de la Constitución:

a) Tiene en sí carácter de norma jurídica.
b) Es una declaración de intenciones, destinada a interpretar lo que se quiere alcanzar con el contenido normativo de la Constitución.
c) Se trata de un texto sin fuerza jurídica de obligar.
d) Las respuestas b) y c) son correctas.

5. Señala la respuesta correcta, respecto de la aprobación, ratificación y publicación de la Constitución Española:

a) Aprobada por las Cortes el 31 de octubre de 1978, ratificada por el pueblo en referéndum el 6 de diciembre de 1978 y publicada el 29 de diciembre de 1978.

b) Aprobada por las Cortes el 30 de octubre de 1978, ratificada por el pueblo en referéndum el 16 de diciembre de 1978 y publicada el 27 de diciembre de 1978.

c) Aprobada por las Cortes el 31 de octubre de 1978, ratificada por el pueblo en referéndum el 16 de diciembre de 1978 y publicada el 29 de diciembre de 1978.

d) Aprobada por las Cortes el 10 de octubre de 1978, ratificada por el pueblo en referéndum el 26 de diciembre de 1978 y publicada el 30 de diciembre de 1978.

6. ¿En qué parte de la Carta Magna se establece la exposición de motivos que impulsan la norma constitucional y los objetivos que con ella se pretenden alcanzar?

a) En el Título Preliminar.
b) En el Preámbulo.
c) En el Título I.
d) En el Título II.

7. La Constitución Española fue sancionada por:

a) El Rey.
b) El Presidente del Congreso.
c) Las Cortes Generales.
d) El Presidente del Gobierno.

8. Según la CE son fundamentos del orden político y la paz social:

a) La dignidad de la persona, los derechos violables que les son inherentes y el respeto a la ley.

b) La dignidad de la persona, el desarrollo limitado de la personalidad y el respeto a la ley.

c) El respeto a la ley, a los reglamentos administrativos y demás disposiciones legales.

d) La dignidad de la persona, los derechos inviolables que le son inherentes, el libre desarrollo de su personalidad, el respeto a la ley y a los derechos de los demás.

9. ¿Cuál de los siguientes es considerado por la CE como uno de los valores superiores del ordenamiento jurídico?

a) La jerarquía normativa.
b) El pluralismo político.
c) La publicidad normativa.
d) La equidad.

10. Señala la respuesta incorrecta respecto al Tribunal Constitucional:

a) Se organiza a través de las figuras del Presidente, el Pleno, las Salas y las Secciones.
b) El Presidente, será nombrado entre sus miembros por el Rey, a propuesta del mismo Tribunal en Pleno y por un período de tres años.
c) El Pleno lo preside el Presidente del Tribunal y, en su defecto, el Vicepresidente y, a falta de ambos, el Magistrado de mayor edad.
d) La distribución de asuntos entre las Salas del Tribunal se efectuará según un turno establecido por el Pleno a propuesta de su Presidente.

11. Para la adopción de los acuerdos de las Secciones del Tribunal Constitucional, se requerirá:

a) La presencia siempre de sus tres miembros.
b) La presencia de dos miembros, salvo que haya discrepancia, requiriéndose entonces la de sus tres miembros.
c) La presencia de tres miembros, salvo que haya discrepancia, requiriéndose entonces la de sus cinco miembros.
d) La presencia siempre de sus cinco miembros.

12. Señala la respuesta incorrecta respecto a las sentencias del Tribunal Constitucional:

a) Las sentencias y resoluciones del Tribunal Constitucional tendrán la consideración de títulos declarativos.
b) Todos los poderes públicos están obligados al cumplimiento de lo que el Tribunal Constitucional resuelva.
c) Las sentencias del Tribunal Constitucional se publicarán en el Boletín Oficial del Estado con los votos particulares, si los hubiere.
d) Salvo que en el fallo se disponga otra cosa, subsistirá la vigencia de la ley en la parte no afectada por la inconstitucionalidad.

13. ¿Quién nombra a los miembros del Tribunal Constitucional?

a) El Rey.
b) El Presidente del Gobierno.
c) Las Cortes Generales.
d) El Presidente del Tribunal Constitucional.

14. ¿Cuántos de los miembros del Tribunal Constitucional son propuestos por el Consejo General del Poder Judicial?

a) Cuatro.
b) Tres.
c) Dos.
d) Ninguno.

15. No puede instar la reforma de la Constitución el/los:

a) Presidente del Gobierno de la Nación.
b) Gobierno de la Nación.
c) Congreso de los Diputados.
d) Parlamentos autonómicos.

16. En el procedimiento ordinario de reforma constitucional, el referéndum es:

a) Obligatorio en todo caso.
b) Preceptivo cuando se solicite por una décima parte de los Diputados o Senadores, dentro de los quince días siguientes a la aprobación de la reforma.
c) Voluntario en cualquier caso.
d) Improcedente.

17. La disolución de las Cortes Generales, cuando se va a proceder a la reforma de la Constitución, se produce en caso de:

a) Reforma por el procedimiento excepcional.
b) Reforma por el procedimiento ordinario.
c) Cualquier tipo de reforma.
d) Que así lo estime oportuno el Rey.

18. No puede iniciarse la reforma constitucional en:

a) Tiempo de guerra.
b) El supuesto de que el Rey no lo estime oportuno.
c) Un período extraordinario de sesiones de las Cámaras.
d) Se puede efectuar en los tres supuestos anteriores.

19. En el procedimiento general de reforma constitucional, en principio, el proyecto de reforma debe ser aprobado por:

a) El Congreso de los Diputados por mayoría de dos tercios.
b) El Congreso de los Diputados y el Senado por mayoría de tres quintos.
c) Ambas Cámaras, por mayoría absoluta.
d) Una Comisión Paritaria.

20. El procedimiento excepcional de reforma está previsto en caso de intentarse esta respecto del siguiente Título de la Constitución:

a) Cualquiera.
b) Segundo.
c) Tercero.
d) Ninguno de los anteriores.

21. ¿Qué artículos de nuestra Constitución Española se dedican a la reforma constitucional?

a) Los artículos 166 a 169.
b) Los artículos 160 a 166.
c) Los artículos 58 a 107.
d) Los artículos 13 a 21.

22. Según la Constitución Española, arbitra y modera el funcionamiento regular de las instituciones:

a) El Presidente del Gobierno.
b) El Rey.
c) El Estado.
d) Los tribunales de Justicia.

23. Las abdicaciones y renuncias y cualquier duda de hecho o de derecho que ocurra en el orden de sucesión a la Corona se resolverán:

a) Por ley.
b) Por decreto ley.
c) Por decisión de las Cortes Generales.
d) Por ley orgánica.

24. Si no hubiese a quien corresponda la Regencia, esta será nombrada por:

a) Las Cortes Generales.
b) El Congreso de los Diputados.
c) El Senado.
d) El Gobierno.

25. No necesita de refrendo:

a) Declarar la guerra y hacer la paz.
b) Expedir los decretos acordados en Consejo de Ministros.
c) Nombrar y relevar a los miembros civiles y militares de la Casa Real.
d) Todos los actos del Rey necesitan refrendo.

26. ¿A quién corresponde manifestar el consentimiento del Estado para obligarse por medio de tratados?

a) Al Rey.
b) Al Gobierno.
c) Al Estado.
d) Al Presidente del Gobierno.

27. El Defensor del Pueblo se configura constitucionalmente como alto comisionado:

a) Del pueblo.
b) De las Cortes Generales.
c) Del Poder Judicial.
d) Del Gobierno.

28. ¿De quién recibe órdenes el Defensor del Pueblo?

a) De las Cortes Generales.
b) No está sometido a mandato imperativo.
c) De los Tribunales.
d) Del Gobierno.

29. Si el príncipe heredero contrae matrimonio contra la expresa prohibición de las Cortes Generales:

a) No podrá casarse.
b) Podrá casarse, pero no podrá vivir en el palacio real.
c) Deberá antes de pedir autorización a las Cortes para poder contraerlo.
d) Será excluido en la sucesión de la corona.

30. Según el art. 59.5 de la Carta Magna, la Regencia se ejercerá:

a) Por mandato constitucional y en nombre del pueblo español.
b) Por mandato constitucional y en nombre de las Cortes Generales.
c) Por mandato constitucional y en nombre de la soberanía popular.
d) Por mandato constitucional y en nombre del Rey.

31. Las Cámaras se reúnen en sesiones:

a) Ordinarias y extraordinarias.
b) Simples o conjuntas.
c) Ordinarias, extraordinarias y conjuntas.
d) Ordinarias, extraordinarias y de urgencia.

32. Para adoptar acuerdos, las Cámaras deben estar reunidas reglamentariamente y con asistencia de la mayoría de sus miembros. Dichos acuerdos, para ser válidos, deberán ser aprobados:

a) Por la mayoría de los miembros presentes.
b) Por mayoría absoluta de sus miembros.
c) Por los 3/5 de cada una de las Cámaras.
d) Por los 2/3 del conjunto de las Cámaras.

33. ¿En qué plazo deberá ser convocado el Congreso electo tras la celebración de elecciones?

a) Entre los 30 y 60 días siguientes.
b) Dentro de los 25 días siguientes.
c) Entre los 10 y 30 días siguientes.
d) Dentro de los 30 días siguientes.

34. En las causas contra Diputados y Senadores será competente:

a) La Sala de lo Civil del Tribunal Supremo.
b) La Sala de lo Social del Tribunal Supremo.
c) La Sala de lo Contencioso-Administrativo del Tribunal Supremo.
d) La Sala de lo Penal del Tribunal Supremo.

35. Las Diputaciones Permanentes estarán presididas por:

a) El diputado de mayor edad.
b) El diputado del grupo parlamentario más numeroso.
c) El Presidente del Gobierno.
d) El Presidente de la Cámara respectiva.

36. ¿Cuántos Senadores corresponderán a Menorca?

a) 1.
b) 2.
c) 3.
d) 4.

37. ¿Quién nombra al Presidente del Tribunal de Cuentas?

a) El Presidente del Congreso de los Diputados.
b) El Rey.
c) El Congreso de los Diputados.
d) El Pleno del Congreso de los Diputados.

38. ¿De qué órgano constitucional depende el Tribunal de Cuentas?

a) Del Gobierno.
b) Del Tribunal Supremo.
c) Del Congreso de los Diputados.
d) De las Cortes Generales.

39. Las sesiones conjuntas del Senado y del Congreso serán presididas:

a) Por el Rey.
b) Por el Presidente del Gobierno.

c) Por el Presidente del Congreso.
d) Por el Presidente del Senado.

40. ¿Cuánto tiempo dura el mandato del Presidente del Tribunal de Cuentas?

a) Cuatro años.
b) Cinco años.
c) Tres años.
d) Dos años.

41. Los Senadores por provincias se elegirán por:

a) Sufragio universal, libre, igual, directo y secreto.
b) Sufragio directo, libre, igual, directo y secreto.
c) Sufragio internacional, directo, igual y secreto.
d) Sufragio universal, libre, secreto, igual y secreto.

42. ¿Cuántos Vocales integran el Consejo General del Poder Judicial?

a) Diez.
b) Doce.
c) Quince.
d) Veinte.

43. ¿Cuál de los siguientes no es uno de los órganos del Consejo General del Poder Judicial?

a) La Comisión de Calificación.
b) La Comisión Permanente.
c) La Comisión Disciplinaria.
d) La Comisión de Igualdad.

44. ¿A quién corresponde ejercer la alta inspección de Tribunales, así como la supervisión y coordinación de la actividad inspectora ordinaria de los Presidentes y Salas de Gobierno de los Tribunales?

a) Al Tribunal Supremo.
b) Al Ministro de Justicia.
c) Al Consejo General del Poder Judicial.
d) Al Tribunal Constitucional.

45. Con su Presidente, integran el Consejo General del Poder Judicial los siguientes miembros:

a) Doce.
b) Veintiuno.

c) Veinte.
d) Trece.

46. ¿Qué Título de la Constitución está dedicado a la regulación del Gobierno?

a) El Título III.
b) El Título IV.
c) El Título V.
d) El Título VII.

47. ¿Cuál de las siguientes figuras no es imprescindible en la composición del Gobierno?

a) El Presidente.
b) Los Ministros.
c) Los Vicepresidentes.
d) Los Vicepresidentes y los Ministros.

48. ¿Cuál de los siguientes órganos indicados es un órgano superior de un departamento ministerial?

a) El Secretario de Estado.
b) El Director General.
c) El Secretario General.
d) El Secretario General Técnico.

49. ¿Qué rango ostentan los Delegados del Gobierno en las Comunidades Autónomas?

a) Subdirector General.
b) Subsecretario General.
c) Secretario de Estado.
d) Subsecretario.

50. ¿Cuál de las siguientes funciones puede ser ejercida por un Presidente del Gobierno en funciones?

a) El planteamiento de una cuestión de confianza.
b) La propuesta al Rey de celebración de un referéndum consultivo.
c) La celebración de Consejos de Ministros.
d) La propuesta al Rey de disolución de las Cámaras.

51. ¿Qué número de Diputados es necesario para interponer una moción de censura?

a) Mayoría simple de la Cámara.
b) Una décima parte de la Cámara.
c) Mayoría absoluta de la Cámara.
d) Dos tercios de la Cámara.

52. Los Secretarios Generales Técnicos tienen categoría de:

a) Subsecretario.
b) Director General.
c) Secretario de Estado.
d) Jefe de Servicio.

53. Declarado el estado de alarma:

a) Se dará cuenta al Consejo de Ministros, sin cuya autorización no podrá ser prorrogado el plazo inicial.
b) Se dará cuenta al Rey, sin cuya autorización no podrá ser prorrogado el plazo inicial de duración.
c) Se dará cuenta al Congreso de los Diputados, sin cuya autorización no podrá ser prorrogado dicho plazo.
d) Se dará cuenta al Congreso de los Diputados, siendo improrrogable el plazo inicialmente marcado para la duración del estado de alarma.

54. El nombramiento de los Delegados del Gobierno en las Comunidades Autónomas es competencia del:

a) Parlamento Autonómico.
b) Presidente del Gobierno.
c) Consejo de Gobierno.
d) Consejo de Ministros.

55. La moción de censura no podrá ser votada hasta que, desde su presentación, hayan transcurrido:

a) Cinco días.
b) Siete días.
c) Diez días.
d) Treinta días.

56. ¿Ante quién responde solidariamente el Gobierno de su gestión política?

a) Ante el pueblo español.
b) Ante las Cortes Generales.
c) Ante el Congreso de los Diputados.
d) Ante el Rey.

57. El Jefe Superior de un Departamento Ministerial, después del Ministro, en el supuesto de que no exista un Secretario de Estado, es el:

a) Director General.
b) Subsecretario.
c) Secretario General.
d) Secretario General Técnico.

58. La disolución de las Cámaras será decretada por:

a) El Rey.
b) El Presidente del Congreso.
c) El Presidente del Gobierno.
d) El Gobierno de la Nación.

59. La Presidencia de la Comisión General de Secretarios de Estado y Subsecretarios corresponde a un Vicepresidente del Gobierno o, en su defecto:

a) Al Presidente del Gobierno.
b) Al Ministro de la Presidencia.
c) Al Ministro de Hacienda y Función Pública.
d) Al Ministro del Interior.

60. El ámbito territorial, duración y condiciones del estado de sitio serán determinados por:

a) Las Cortes Generales.
b) El Congreso.
c) El Rey.
d) El Gobierno.

61. El Gobierno cesa tras la celebración de elecciones generales:

a) En los casos de pérdida de la confianza parlamentaria previstos en la Constitución, o por dimisión o fallecimiento de su Presidente.
b) En los casos de pérdida de la confianza parlamentaria previstos en las leyes.
c) En los casos de pérdida de la confianza de los ciudadanos.
d) En los casos de pérdida de la confianza de los ciudadanos prevista en la Constitución o por dimisión o fallecimiento de su Presidente.

62. El Estado de alarma:

a) Será declarado por el Gobierno mediante decreto acordado en Consejo de Ministros, previa autorización del Congreso de los Diputados.
b) Será declarado por el Gobierno mediante decreto acordado en Consejo de Ministros por un plazo máximo de quince días, dando cuenta al Congreso de los Diputados, reunido inmediatamente al efecto y sin cuya autorización no podrá ser prorrogado dicho plazo.
c) Será declarado por el Gobierno mediante decreto acordado en Consejo de Ministros por un plazo máximo de quince días, previa autorización del Congreso de los Diputados, reunido inmediatamente al efecto y sin cuya autorización no podrá ser prorrogado dicho plazo.
d) Será declarado por la mayoría absoluta del Congreso de los Diputados, a propuesta exclusiva del Gobierno.

63. ¿Quién nombra a los Subdelegados del Gobierno?

a) El Delegado del Gobierno.
b) El Ministro de Hacienda y Función Pública.
c) El Consejo de Ministros.
d) El Presidente del Gobierno.

64. ¿Qué carácter tienen las deliberaciones del Consejo de Ministros?

a) Secretas.
b) Públicas.
c) Solemnes.
d) Solemnes y públicas.

65. ¿Qué rango ostentan los Subdelegados del Gobierno?

a) Subdirector General.
b) Secretario General.
c) Secretario General Técnico.
d) Subsecretario.

66. La titularidad de la soberanía española radica en el/las:

a) Cortes Generales como representantes del pueblo español.
b) Rey como Jefe del Estado.
c) Pueblo mismo.
d) Nacionalidades y regiones que integran España.

67. No pueden constituirse en Comunidades Autónomas los territorios:

a) Que no estén integrados en la organización provincial.
b) Que, no siendo superiores a una Provincia, tengan entidad regional histórica.
c) Que, no siendo superiores a una Provincia, no tengan entidad regional histórica.
d) Interinsulares.

68. La vía ordinaria de acceso a la autonomía por el artículo 143 de la Constitución se sigue por los/las:

a) Provincias con entidad regional histórica.
b) Territorios que en el pasado hubieren plebiscitado afirmativamente proyecto de Estatuto de Autonomía.
c) Provincia sin entidad regional histórica directamente.
d) Supuestos especiales de Ceuta, Melilla y Gibraltar.

69. Entre las determinaciones de los Estatutos de Autonomía no es necesario incluir la:

a) Delimitación de su territorio.
b) Denominación de las instituciones autónomas propias.

c) Denominación de la Comunidad.

d) Denominación, organización y sede de sus instituciones administrativas.

70. En las Comunidades Autónomas que siguen la vía común, el Proyecto de Estatuto será elaborado por la/los:

a) Asamblea de Parlamentarios que se constituye al efecto.

b) Comisión Constitucional del Congreso de los Diputados.

c) Diputación Provincial correspondiente.

d) Miembros de la Diputación u órgano interinsular y por los Diputados y Senadores elegidos por ellas.

71. El voto de ratificación por los Plenos del Senado y del Congreso de los Diputados se dará en el/las:

a) Comunidades Autónomas que siguen la vía común.

b) Comunidades Autónomas que siguen la vía especial.

c) Acceso a la autonomía de Ceuta y Melilla.

d) Acceso a la autonomía de Gibraltar.

72. La responsabilidad política del Presidente de una Comunidad Autónoma se exige por el/la:

a) Sala de lo Penal del Tribunal Supremo.

b) Congreso de los Diputados.

c) Tribunal Superior de Justicia de la Comunidad Autónoma.

d) Asamblea Legislativa de la Comunidad Autónoma.

73. La Asamblea Legislativa de las Comunidades Autónomas se elige:

a) Con criterios de representación territorial.

b) Con criterios de representación proporcional.

c) Por sufragio individual.

d) Con criterios de representación provincial.

74. Con el fin de corregir los desequilibrios económicos interterritoriales y hacer efectivo el principio de solidaridad, se constituye:

a) El Fondo de Compensación Interterritorial.

b) El Comité Económico Interterritorial.

c) El Consejo de Política Fiscal y Financiera.

d) El FASI.

75. Los Estatutos de Autonomía deberán contener el/la/las:

a) Competencias que se dejan al Estado y las que asume la Comunidad.

b) Competencias que, en función de la Constitución, asume cada Comunidad Autónoma.

c) Desarrollo de la Administración Autonómica.
d) División provincial y órganos de gobierno.

76. En la reforma de los Estatutos intervienen las Cortes Generales:

a) Siempre.
b) Nunca.
c) Solo cuanto se trata de Comunidades Autónomas que accedieron por la vía común.
d) En las Comunidades Autónomas de vía especial exclusivamente.

77. Los miembros de las Diputaciones u órganos interinsulares intervienen en la elaboración de los Estatutos de Autonomía:

a) En todo caso.
b) Nunca.
c) En las Comunidades Autónomas de vía común.
d) En las Comunidades Autónomas de vía especial.

78. Los Estatutos de Autonomía en la vía común se aprueban por el:

a) Congreso de los Diputados mediante ley orgánica.
b) Congreso de los Diputados y Senado por ley orgánica.
c) Congreso de los Diputados y Senado por ley ordinaria.
d) Parlamento Autonómico solamente.

79. La organización jurídica y política del Estado español plasmada en la Constitución Española:

a) Se configura como una realidad única en comparación con los países vecinos.
b) Se configura de la misma forma que buena parte de los Estados democráticos y liberales de la Europa de entonces.
c) Determina que todo el poder del Estado recae únicamente en las instituciones que lo conforman, sin atender a la voluntad del pueblo.
d) Se configura solamente como algunos de los Estados democráticos y liberales de la Europa del momento.

80. Cuando se hace referencia a España, se está haciendo referencia:

a) Al Estado español, como un sinónimo, en todo caso.
b) A la nación y, como tal, a su historia, cultura y geografía.
c) A la forma de organización política.
d) Tanto a la Nación española como a la forma de organización política de la misma.

81. La definición de un Estado como de Derecho implica:

a) Que tiene normativa que regula determinados hechos.
b) Que tiene regulación de Derecho Público, que es el que vincula al Estado.

c) Que se configura como un Estado en el que tanto los ciudadanos como los poderes públicos se someten al Derecho.

d) Que su ordenamiento jurídico es siempre justo en términos objetivos.

82. ¿Cuál de los siguientes se configura como principio típico del Estado democrático, desde una perspectiva técnica?

a) Principio de temporalidad del poder.
b) Principio de legalidad.
c) Principio de sumisión de los Poderes públicos y de los ciudadanos a la Ley.
d) Principio de jerarquía normativa.

83. En base al principio democrático establecido en la Constitución:

a) No se han podido reconocer todos los derechos políticos a todos los ciudadanos.
b) El Gobierno se configura como el de las mayorías, y las minorías tienen que adaptarse sin poder participar ni ser escuchadas.
c) Se reconoce el derecho de igualdad en el ámbito de la participación política.
d) Los mandos políticos pueden ser temporales o permanentes.

84. La configuración del Estado Democrático actual:

a) Únicamente contempla formas de participación política ciudadana, pero no a través de otras vías.
b) Contempla la posibilidad de participación política ciudadana, así como la posibilidad de participación a través de sindicatos y organizaciones empresariales, asociaciones, fundaciones o colegios profesionales.
c) Permite la participación política a través de partidos políticos, pero no permite la participación y colaboración en el Estado a través de organizaciones empresariales.
d) Entiende que las organizaciones de consumidores y usuarios no son una entidad social merecedora de protección constitucional.

85. Atendiendo a lo dispuesto en la Norma Fundamental:

a) Todo partido político mayoritario debe ser democrático, únicamente se pueden excepcionar los minoritarios.
b) Los sindicatos no requieren de una estructura interna y funcionamiento democráticos, ya que no representan al Estado.
c) Las organizaciones empresariales no están regidas por el principio de democracia, se configuran únicamente a través de pactos internos.
d) La estructura interna y el funcionamiento de los colegios profesionales debe ser democrático.

86. En relación con las minorías políticas:

a) La Constitución no les otorga poder alguno, simplemente establece vías para que si algún día se convierten en mayoría puedan ser escuchadas.
b) La Constitución les da un lugar, empezando por el hecho de que el artículo 1.1 de la misma reconoce como valor superior del ordenamiento jurídico el pluralismo político.

c) La Constitución no les otorga ningún papel, ni siquiera mínimo, en las decisiones más relevantes del Estado.

d) La Constitución les da el mismo peso social, jurídico y político que a las mayorías políticas.

87. Las actuales políticas públicas en materia de sanidad o educación son fruto del:

a) Estado democrático.
b) Estado de derecho.
c) Estado igualitario.
d) Estado social.

88. En su artículo 1.1, la Constitución Española, ¿cuántos valores superiores del ordenamiento jurídico propugna?

a) Ninguno.
b) Tantos como se desarrollen en las leyes.
c) Cuatro.
d) Diez.

89. Se recoge en el artículo 1.3 de la Constitución Española:

a) Que España no tiene un himno oficial.
b) Que en España existe la separación de poderes: legislativo, ejecutivo y judicial.
c) La forma política del Estado.
d) Que la lengua oficial es el castellano.

90. ¿En algún artículo de la Constitución Española se hace referencia específica a la Unidad de España?

a) No de forma específica, pero sí de forma indirecta.
b) Sí, en el primer artículo.
c) En el artículo 2.
d) Sí, habla de la unidad, pero no concreta en qué términos ni es fácil de deducir.

91. El artículo 3.1 de la Constitución Española dispone que el castellano es la lengua oficial del Estado y que:

a) Los españoles tienen el derecho de conocerla.
b) Todos los españoles tienen el deber de conocerla y el derecho a usarla.
c) Todos los españoles tienen el derecho de conocerla y el deber de usarla.
d) Es la única lengua oficial del Estado español.

92. Señala la opción correcta en relación con la lengua oficial del Estado español:

a) No hay una lengua oficial como tal, sino que se usan todas las socialmente reconocidas.
b) Es el castellano y solamente el castellano, aunque se permita el uso de otras en determinados ámbitos.

c) Es el castellano y solamente el castellano, sin permitirse el uso de ninguna otra lengua delante de los poderes públicos.

d) Es el castellano, pero las demás lenguas españolas son también oficiales en las respectivas Comunidades Autónomas de acuerdo con sus Estatutos.

93. En relación con las modalidades lingüísticas de España:

a) La Constitución Española no se pronuncia.

b) La Constitución Española no las acepta.

c) No existe esta realidad.

d) La Constitución Española dispone que se trata de una riqueza y de un patrimonio cultural que es objeto de especial respeto y protección.

94. En relación con la cooficialidad de las lenguas en el territorio, establece la Constitución y reitera el Tribunal Constitucional que:

a) En los territorios dotados de un estatuto de cooficialidad lingüística, el uso de los particulares de cualquier lengua oficial no tiene efectivamente plena validez jurídica en las relaciones que mantengan con cualquier poder público radicado en dicho territorio, tiene que ser el castellano.

b) En base a la Constitución Española y al Estatuto de Autonomía aplicable, en ninguna comunidad las personas tienen un derecho a la lengua oficial si esta no es el castellano.

c) No existe un deber constitucional de conocer la lengua cooficial.

d) Existe un deber constitucional de conocer la lengua cooficial.

95. La bandera de España:

a) Es de uso obligatorio tanto por parte de los poderes públicos como por parte de los ciudadanos.

b) Está formada por tres franjas horizontales, roja, amarilla y roja, siendo la amarilla de doble anchura que cada una de las rojas.

c) Está formada por tres franjas verticales, roja, amarilla y roja, de igual tamaño.

d) Es única para todo el territorio español y la Constitución Española no reconoce explícitamente la posibilidad de que pueda haber otras banderas.

96. El artículo 3 de la Constitución Española recoge la regulación sobre:

a) El himno.

b) La oficialidad de la lengua.

c) La bandera.

d) El flamenco como baile oficial.

97. El artículo 4.2 de la Constitución Española dispone que:

a) En los edificios públicos únicamente puede utilizarse la bandera de España.

b) En los actos oficiales únicamente puede utilizarse la bandera de España.

c) En los edificios públicos se pueden utilizar las banderas y enseñas propias de las Comunidades Autónomas junto a la bandera de España.

d) En los edificios públicos únicamente se puede utilizar la bandera de España pero en los actos oficiales se pueden utilizar las banderas y enseñas propias de las Comunidades Autónomas junto a la bandera de España.

98. La Constitución reconoce como símbolo explícitamente:

a) El himno.
b) La bandera.
c) El escudo.
d) La moneda.

99. El artículo 5 de la Constitución Española recoge la regulación sobre:

a) El himno.
b) La oficialidad de la lengua.
c) La bandera.
d) La capitalidad.

100. En caso de reconocerse banderas propias de las Comunidades Autónomas:

a) Estas banderas ya deben estar reconocidas detalladamente en la Constitución Española, para que puedan ser oficiales.
b) Estas banderas deben estar reconocidas en los Estatutos de Autonomía.
c) No es necesario que las banderas se reconozcan en los Estatutos de Autonomía.
d) No se pueden reconocer banderas autonómicas.

Solución al test n.º 1

1. b) En la indisoluble unidad de la Nación española.

2. c) Tienen el deber de conocer y el derecho de usar el castellano.

3. d) De las nacionalidades y regiones que la integran.

4. d) Las respuestas b) y c) son correctas.

5. a) Aprobada por las Cortes el 31 de octubre de 1978, ratificada por el pueblo en referéndum el 6 de diciembre de 1978 y publicada el 29 de diciembre de 1978.

6. b) En el Preámbulo.

7. a) El Rey.

8. d) La dignidad de la persona, los derechos inviolables que le son inherentes, el libre desarrollo de su personalidad, el respeto a la ley y a los derechos de los demás.

9. b) El pluralismo político.

10. c) El Pleno lo preside el Presidente del Tribunal y, en su defecto, el Vicepresidente y, a falta de ambos, el Magistrado de mayor edad.

11. b) La presencia de dos miembros, salvo que haya discrepancia, requiriéndose entonces la de sus tres miembros.

12. a) Las sentencias y resoluciones del Tribunal Constitucional tendrán la consideración de títulos declarativos.

13. a) El Rey.

14. c) Dos.

15. a) Presidente del Gobierno de la Nación.

16. b) Preceptivo cuando se solicite por una décima parte de los Diputados o Senadores, dentro de los quince días siguientes a la aprobación de la reforma.

17. a) Reforma por el procedimiento excepcional.

18. a) Tiempo de guerra.

19. b) El Congreso de los Diputados y el Senado por mayoría de tres quintos.

20. b) Segundo.

21. a) Los artículos 166 a 169.

22. b) El Rey.

23. d) Por ley orgánica.

24. a) Las Cortes Generales.

25. c) Nombrar y relevar a los miembros civiles y militares de la Casa Real.

26. a) Al Rey.

27. b) De las Cortes Generales.

28. b) No está sometido a mandato imperativo.

29. d) Será excluido en la sucesión de la corona.

30. d) Por mandato constitucional y en nombre del Rey.

31. c) Ordinarias, Extraordinarias y Conjuntas.

32. a) Por la mayoría de los miembros presentes.

33. b) Dentro de los 25 días siguientes.

34. d) La Sala de lo Penal del Tribunal Supremo.

35. d) El Presidente de la Cámara respectiva.

36. a) 1.

37. b) El Rey.

38. d) De las Cortes Generales.

39. c) Por el Presidente del Congreso.

40. c) Tres años.

41. a) Sufragio universal, libre, igual, directo y secreto.

42. d) Veinte.

43. a) La Comisión de Calificación.

44. c) Al Consejo General del Poder Judicial.

45. b) Veintiuno.

46. b) El Título IV.

47. c) Los Vicepresidentes.

48. a) El Secretario de Estado.

49. d) Subsecretario.

50. c) La celebración de Consejos de Ministros.

51. b) Una décima parte de la Cámara.

52. b) Director General.

53. c) Se dará cuenta al Congreso de los Diputados, sin cuya autorización no podrá ser prorrogado dicho plazo.

54. d) Consejo de Ministros.

55. a) Cinco días.

56. c) Ante el Congreso de los Diputados.

57. b) Subsecretario.

58. a) El Rey.

59. b) Al Ministro de la Presidencia.

60. b) El Congreso.

61. a) En los casos de pérdida de la confianza parlamentaria previstos en la Constitución, o por dimisión o fallecimiento de su Presidente.

62. b) Será declarado por el Gobierno mediante decreto acordado en Consejo de Ministros por un plazo máximo de quince días, dando cuenta al Congreso de los Diputados, reunido inmediatamente al efecto y sin cuya autorización no podrá ser prorrogado dicho plazo.

63. a) El Delegado del Gobierno.

64. a) Secretas.

65. a) Subdirector General.

66. c) Pueblo mismo.

67. d) Interinsulares.

68. a) Provincias con entidad regional histórica.

69. d) Denominación, organización y sede de sus instituciones administrativas.

70. d) Miembros de la Diputación u órgano interinsular y por los Diputados y Senadores elegidos por ellas.

71. b) Comunidades Autónomas que siguen la vía especial.

72. d) Asamblea Legislativa de la Comunidad Autónoma.

73. b) Con criterios de representación proporcional.

74. a) El Fondo de Compensación Interterritorial.

75. b) Competencias que, en función de la Constitución, asume cada Comunidad Autónoma.

76. a) Siempre.

77. c) En las Comunidades Autónomas de vía común.

78. b) Congreso de los Diputados y Senado por ley orgánica.

79. b) Se configura de la misma forma que buena parte de los Estados democráticos y liberales de la Europa de entonces.

80. b) A la nación y, como tal, a su historia, cultura y geografía.

81. c) Que se configura como un Estado en el que tanto los ciudadanos como los poderes públicos se someten al Derecho.

82. a) Principio de temporalidad del poder.

83. c) Se reconoce el derecho de igualdad en el ámbito de la participación política.

84. b) Contempla la posibilidad de participación política ciudadana, así como la posibilidad de participación a través de sindicatos y organizaciones empresariales, asociaciones, fundaciones o colegios profesionales.

85. d) La estructura interna y el funcionamiento de los colegios profesionales debe ser democrático.

86. b) La Constitución les da un lugar, empezando por el hecho de que el artículo 1.1 de la misma reconoce como valor superior del ordenamiento jurídico el pluralismo político.

87. d) Estado social.

88. c) Cuatro.

89. c) La forma política del Estado.

90. c) En el artículo 2.

91. b) Todos los españoles tienen el deber de conocerla y el derecho a usarla.

92. d) Es el castellano, pero las demás lenguas españolas son también oficiales en las respectivas Comunidades Autónomas de acuerdo con sus Estatutos.

93. d) La Constitución Española dispone que se trata de una riqueza y de un patrimonio cultural que es objeto de especial respeto y protección.

94. c) No existe un deber constitucional de conocer la lengua cooficial.

95. b) Está formada por tres franjas horizontales, roja, amarilla y roja, siendo la amarilla de doble anchura que cada una de las rojas.

96. b) La oficialidad de la lengua.

97. c) En los edificios públicos se pueden utilizar las banderas y enseñas propias de las Comunidades Autónomas junto a la bandera de España.

98. b) La bandera.

99. d) La capitalidad.

100. b) Estas banderas deben estar reconocidas en los Estatutos de Autonomía.

TEST N.º 2

Derechos y deberes fundamentales en la Constitución Española de 1978

1. El derecho a la propiedad en nuestra Constitución es un Derecho:

a) Inherente a la condición humana.
b) Absoluto.
c) Limitado por la función social de la misma.
d) Ninguna de las respuestas anteriores es correcta.

2. Dispone la Carta Magna que todos contribuirán al sostenimiento de los gastos públicos de acuerdo con su capacidad económica mediante un sistema tributario justo inspirado en los principios de:

a) Legalidad y equidad.
b) Igualdad y progresividad.
c) Publicidad y legalidad.
d) Eficacia y sostenibilidad.

3. En virtud del principio de progresividad tributaria:

a) Se implantarán paulatinamente cada vez mayores tributos.
b) Los tipos impositivos serán regresivos.
c) Prima el principio de igualdad en el pago de los tributos.
d) Nada de lo expuesto es cierto.

4. Según la Constitución, el Estado es:

a) Apolítico.
b) Aconfesional.
c) De bienestar social.
d) Federal.

5. El derecho a la vida se consagra en el siguiente artículo de la Constitución:

a) 10.
b) 16.
c) 15.
d) 24.

6. La pena de muerte en España:

a) Ha quedado abolida.
b) Puede aplicarse en cualquier momento.
c) Solo se aplicará, en tiempo de guerra, a los militares.
d) Rige solo en el ámbito civil.

7. La inmediata puesta a disposición judicial derivada del habeas corpus, se produce por:

a) Detención ilegal.
b) Prisión ilegal.
c) Prisión preventiva.
d) Detención preventiva.

8. El proceso en el que se enjuicie a un presunto delincuente debe:

a) Ser sumario.
b) No dilatarse.
c) Entorpecer los instrumentos probatorios.
d) Nada de lo anterior es cierto.

9. La entrada en un domicilio en caso de flagrante delito, sin autorización de su titular:

a) Puede dar lugar a la aplicación del habeas corpus.
b) Requiere autorización previa de la autoridad judicial.
c) Puede efectuarse en todo momento.
d) No puede realizarse en momento alguno.

10. Cuando, al conocerse la comisión de un delito por una persona, se acude a su domicilio para detenerla:

a) Está obligada a franquear la entrada.
b) Se necesitará autorización judicial para entrar, si no da su consentimiento para ello.
c) Pese a que no dé su consentimiento, se puede entrar.
d) Nada de lo anterior es correcto.

11. La autorización previa para celebrar una manifestación pública:

a) La da el Subdelegado del Gobierno en la Provincia.
b) Es ineludible.

c) Sería inconstitucional.
d) Se da cuando no se prevean alteraciones al orden público, con peligro para personas o bienes.

12. El tipo de sufragio que consagra la Constitución es el:

a) Proporcional.
b) Universal.
c) Censitario.
d) Las respuestas a) y b) son correctas.

13. Además de la no autoinculpación, la Constitución prevé que no se está obligado a declarar sobre un hecho presuntamente delictivo en caso de:

a) Parentesco y afinidad.
b) Cláusula de conciencia.
c) Secreto profesional.
d) Las respuestas a) y b) son correctas.

14. Los Tribunales de Honor están prohibidos respecto de los/la/las:

a) Sindicatos y Organizaciones Profesionales.
b) Administración Civil y Militar.
c) Organizaciones Profesionales y la Administración Civil.
d) Todas las respuestas anteriores son correctas.

15. El secreto profesional, constitucionalmente, sirve para:

a) Ejercer con libertad una profesión titulada.
b) La libertad de creación científica y técnica.
c) No declarar sobre hechos presuntamente delictivos.
d) Todo lo anterior.

16. La fundación de una Internacional Sindical por un sindicato español:

a) Es libre.
b) Está prohibida.
c) Debe plasmarse en un Tratado Internacional.
d) Nada de lo anterior es cierto.

17. El ejercicio del derecho de petición a través de una manifestación ciudadana:

a) No se admite.
b) Se admite en algún caso.
c) Se admite, salvo para los militares.
d) Ni se admite ni se prohíbe.

18. Nuestro sistema tributario ha de ser:

a) Regresivo e igualitario.
b) Progresivo y generalizado.
c) Confiscatorio.
d) Justo y regresivo.

19. Las Fundaciones son:

a) Entidades constituidas para fines de interés general.
b) Administración Corporativa.
c) Entidades privadas con fines de carácter también privado.
d) Asociaciones de personas para conseguir fines de interés general.

20. La asistencia de todo orden a los hijos habidos extraconyugalmente:

a) No está prevista en la Constitución.
b) Es un deber de los padres.
c) Se dispensará por Instituciones de Beneficencia.
d) Se dispensa solo a los que de ellos tengan discapacidad.

21. La especulación urbanística, según la Constitución:

a) Debe evitarse.
b) Está permitida.
c) Genera plusvalías para la colectividad.
d) Pueden hacerla los poderes públicos.

22. No es susceptible de recurso de amparo el derecho a la/de:

a) Sindicación.
b) Investigación científica.
c) Secreto de las comunicaciones.
d) Lo son todos ellos.

23. No es susceptible de recurso de amparo el derecho de:

a) Libertad de cátedra.
b) Negociación colectiva.
c) Manifestación.
d) Huelga.

24. Es susceptible de recurso de amparo el derecho a la/de:

a) Libre sindicación.
b) Petición.

c) Cláusula de conciencia.
d) Lo están todos ellos.

25. Una vez declarado el estado de excepción no se puede suspender el derecho/ libertad de:

a) Huelga.
b) Enseñanza.
c) Adopción de medidas de conflicto colectivo.
d) Libertad de circulación.

26. Durante el estado de excepción, un detenido conserva el derecho de/a:

a) Setenta y dos horas para ser puesto a disposición judicial.
b) Secreto de comunicaciones.
c) Asistencia de Letrado.
d) Ninguno de ellos.

27. Se puede suspender, con motivo de investigaciones relativas a bandas armadas, el derecho de:

a) Huelga.
b) Inviolabilidad del domicilio.
c) Libertad de circulación.
d) Las respuestas b) y c) son correctas.

28. El artículo 10 de la Constitución Española contempla:

a) Que la dignidad de la persona es fundamento del orden político y de la paz social.
b) El primero de los derechos fundamentales contenidos en la misma.
c) La prohibición de lesión a la persona física.
d) La interpretación de la Declaración Universal de Derechos Humanos conforme a la Constitución Española.

29. ¿Cuál de los siguientes no se especifica en el artículo 10.1 como fundamento del orden político y la paz social?

a) La dignidad de la persona.
b) Los derechos inviolables de la persona.
c) La seguridad jurídica.
d) El libre desarrollo de la personalidad.

30. En relación con la dignidad de la persona:

a) En realidad, la Constitución solamente la reconoce a la persona en tanto que ciudadana.
b) Puede verse alterada, jurídicamente hablando, atendiendo a la situación en que la persona se encuentre.

c) No admite grados.

d) Es renunciable y disponible.

31. La Constitución:

a) Solamente puede garantizar la libertad ideológica al individuo que declare explícitamente su ideología.

b) Establece que nadie puede ser obligado a declarar sobre su religión, aunque sí sobre su ideología.

c) Establece que nadie puede ser obligado a declarar sobre su religión, ni sobre su ideología.

d) Reconoce que el Estado español es católico.

32. El límite a la libertad ideológica contenida en la Constitución:

a) No existe.

b) Lo establece cada individuo o comunidad.

c) Es el orden público.

d) Está en no poder opinar en contra de ninguna de las estipulaciones de la propia Constitución.

33. En relación con la libertad religiosa:

a) Es únicamente de ejercicio individual.

b) Como es lógico, es de ejercicio individual o colectivo, atendiendo a la vertiente que estemos analizando.

c) No dispone de desarrollo legal.

d) Implica la necesidad de profesar alguna fe, no incluye la opción de no profesar ninguna o la de cambiar de fe.

34. La libertad de conciencia:

a) No está garantizada constitucionalmente.

b) Solamente está reconocida respecto de la objeción de conciencia en el caso del servicio militar.

c) Se establece con carácter general en el texto constitucional.

d) Se integra como una vertiente de la libertad ideológica, de la religiosa y de la de culto.

35. En relación con la detención preventiva, la Constitución establece que:

a) No está permitida.

b) Está permitida siempre y cuando los profesionales que deban conocer el tema trabajen con agilidad.

c) No podrá durar más tiempo que el que sea estrictamente necesario para la realización de las averiguaciones tendientes al esclarecimiento de los hechos, y, en todo caso, en el plazo máximo de setenta y dos horas, el detenido deberá ser puesto en libertad o a disposición de la autoridad judicial.

d) No podrá durar más tiempo que el que sea estrictamente necesario para la realización de las averiguaciones tendientes al esclarecimiento de los hechos, y, en todo caso, en el plazo máximo de veinticuatro horas, el detenido deberá ser puesto en libertad o a disposición de la autoridad judicial.

36. Para el desarrollo de la regulación relativa a la privación de libertad:

a) Se requiere de ley.
b) Se requiere de reglamento.
c) Se requiere de orden.
d) Se puede proceder a través de cualquier tipo de normativa.

37. En relación con la privación de libertad:

a) Esta no está contemplada en el ordenamiento jurídico español.
b) Solamente es aplicable a los españoles, pero no a los extranjeros.
c) Es aplicable tanto a los españoles como a los extranjeros, en los mismos términos.
d) Es aplicable tanto a los españoles como a los extranjeros, sin perjuicio de que podemos encontrar alguna peculiaridad en el caso de los extranjeros.

38. ¿Cuál de las siguientes no es una medida de privación de la libertad?

a) La prisión.
b) La detención preventiva.
c) La advertencia realizada por un agente.
d) La retención.

39. En base al precepto constitucional:

a) Toda persona detenida debe ser informada de forma inmediata.
b) Toda persona detenida debe ser informada en el plazo de 24 horas.
c) Toda persona detenida debe ser informada en el plazo de 72 horas.
d) Toda persona detenida debe ser informada a través de su abogado.

40. En relación con la detención, ¿qué requisitos se deben cumplir en base al texto constitucional?

a) Secreto de la detención.
b) El detenido debe ser obligado a declarar.
c) El detenido no puede ser obligado a declarar.
d) Se le tienen que leer los derechos al detenido, pero no es necesario explicarle las razones de su detención.

41. La Administración, a tenor de lo dispuesto en la Constitución Española:

a) No podrá imponer sanciones pecuniarias.
b) No podrá imponer sanciones privativas de documentos oficiales.

c) No podrá poner sanciones que directamente impliquen privación de libertad.

d) Podrá poner sanciones que, subsidiariamente, impliquen privación de libertad.

42. El hecho de que nadie pueda ser condenado por acciones u omisiones que en el momento de producirse no constituyan delito, falta o infracción administrativa, se denomina:

a) Principio de responsabilidad penal.

b) Principio de imputabilidad.

c) Principio de legalidad penal.

d) Principio de irretroactividad de las normas penales favorables.

43. ¿Cuál de los derechos y libertades reconocidos en la Constitución Española y que a continuación se citan vincula a todos los poderes públicos?

a) El derecho de asociación.

b) El derecho a la protección de la salud.

c) El derecho a disfrutar de una vivienda digna y adecuada.

d) El derecho de los consumidores.

44. De acuerdo con lo dispuesto en la Constitución Española, solo por ley, que en todo caso deberá respetar su contenido esencial, podrá regularse el ejercicio de:

a) El derecho a disfrutar de un medio ambiente adecuado.

b) El derecho a la protección de la salud.

c) El derecho a sindicarse libremente.

d) El derecho a disfrutar de una vivienda digna y adecuada.

45. ¿Cuál de los derechos y libertades reconocidos en la Constitución Española y que a continuación se relacionan se tutelará con el recurso de inconstitucionalidad?

a) El derecho de asociación.

b) El derecho a la protección de la salud.

c) El derecho de acceso a la cultura.

d) El derecho a disfrutar de una vivienda digna y adecuada.

46. ¿Cuál de los derechos y libertades reconocidos en la Constitución Española y que a continuación se relacionan se tutelará ante los Tribunales ordinarios por un procedimiento basado en los principios de preferencia y sumariedad?

a) El derecho de petición.

b) El derecho a contraer matrimonio con plena igualdad jurídica.

c) El derecho a defender España.

d) El derecho a la propiedad privada.

47. ¿Cuál de los derechos y libertades reconocidos en la Constitución Española y que a continuación se relacionan se tutelará a través del recurso de amparo ante el Tribunal Constitucional?

a) El derecho de participar en los asuntos públicos.
b) El derecho a la protección de la salud.
c) El derecho de acceso a la cultura.
d) El derecho a disfrutar de una vivienda digna y adecuada.

48. Todos los ciudadanos españoles tienen, según nuestra Constitución:

a) Derecho al juez ordinario predeterminado por la ley.
b) Derecho al juez ordinario que libremente designe para cada caso el Tribunal Supremo.
c) Derecho a ser defendido por el abogado que libremente designen ya que sus honorarios serán retribuidos por el Estado.
d) Derecho a un proceso privado o público, según determine el juez ordinario.

49. Indica cuál de las siguientes afirmaciones es correcta, de acuerdo con la Constitución Española de 1978:

a) El condenado a pena de prisión que estuviera cumpliendo la misma carece de cualquiera de los derechos contemplados en la Constitución.
b) El condenado a pena de prisión que estuviera cumpliendo la misma tendrá derecho a un trabajo remunerado y a los beneficios correspondientes de la Seguridad Social.
c) La Administración Civil puede imponer sanciones que impliquen privaciones de libertad.
d) El condenado a una pena de prisión que estuviera cumpliendo la misma solo ostenta el derecho a la vida ya que la Constitución abole la pena de muerte.

50. Conforme a lo dispuesto en la Constitución Española, con respecto a las obligaciones militares de los españoles:

a) La objeción de conciencia es la única causa de exención del servicio militar obligatorio.
b) Aquellas serán fijadas por ley.
c) El servicio militar será potestativo.
d) No se reconoce en la Constitución, sí en la normativa que la desarrolla, la prestación social sustitutoria.

51. De acuerdo con lo preceptuado en la Constitución Española, el ciudadano no tiene derecho:

a) A un Juez especial predeterminado por la ley.
b) A la defensa y asistencia de Abogado.
c) A ser informado de la acusación formulada contra él.
d) A un proceso público sin dilaciones indebidas.

52. El principio de legalidad regulado en el artículo 25.1 de nuestra Constitución implica que:

a) Nadie podrá ser condenado o sancionado por acciones u omisiones que en el momento de producirse no constituyan delito según la legislación vigente en aquel momento.
b) Podrá ser sancionada una persona por la comisión de una infracción administrativa, aun cuando no constituya conducta sancionable en el momento de producirse.
c) Podrá ser sancionada una persona por la comisión de una falta, aun cuando no constituya infracción penal en el momento de producirse, siempre que sí lo sea al dictarse sentencia.
d) Todos los ciudadanos y los poderes públicos están sometidos al imperio de la ley.

53. ¿Cuál de los derechos y libertades reconocidos en la Constitución Española y que a continuación se cita vinculan a todos los poderes públicos?

a) El derecho a obtener tutela efectiva de los jueces y tribunales.
b) El derecho a la protección de la salud.
c) El derecho a disfrutar de una vivienda digna y adecuada.
d) El derecho a la protección del medio ambiente.

54. Solo por ley, que en todo caso deberá respetar su contenido esencial, podrá regularse el ejercicio del derecho:

a) Al acceso a la cultura.
b) A la protección de la salud.
c) A la defensa y a la asistencia de letrado.
d) A disfrutar de una vivienda digna y adecuada.

55. ¿Cuál de los derechos y libertades reconocidos en la Constitución Española y que a continuación se relacionan se tutelará con el recurso de inconstitucionalidad?

a) La libertad de enseñanza.
b) El derecho de protección de los consumidores.
c) El derecho a la conservación del patrimonio histórico.
d) El derecho a disfrutar de una vivienda digna y adecuada.

56. ¿Cuál de los derechos y libertades reconocidos en la Constitución Española y que a continuación se relacionan se tutelará ante los Tribunales ordinarios por un procedimiento basado en los principios de preferencia y sumariedad?

a) El derecho a la huelga de los trabajadores para la defensa de sus intereses.
b) El derecho a contraer matrimonio con plena igualdad jurídica.
c) El derecho a la negociación colectiva.
d) El derecho a la herencia.

57. ¿Cuál de los derechos y libertades reconocidos en la Constitución Española y que a continuación se relacionan se tutelarán a través del recurso de amparo ante el Tribunal Constitucional?

a) El derecho de petición.
b) El derecho a la protección de la salud.
c) El derecho de acceso a la cultura.
d) El derecho a disfrutar de una vivienda digna y adecuada.

58. Una de las siguientes afirmaciones relacionada con las asociaciones, es falsa, conforme a lo preceptuado en la Constitución Española:

a) Las asociaciones solo podrán ser suspendidas en sus actividades en virtud de resolución judicial motivada.
b) No podrán ser disueltas sino en virtud de resolución judicial motivada.
c) Las asociaciones que persigan fines o utilicen medios tipificados como delito son alegales.
d) Deberán inscribirse en un registro a los solos efectos de publicidad.

59. Podrá ser suspendido cuando se acuerde la declaración del estado de excepción en los términos previstos en la Constitución, el derecho:

a) A la huelga de los trabajadores para la defensa de sus intereses.
b) A contraer matrimonio con plena igualdad jurídica.
c) A la negociación colectiva.
d) A la herencia.

60. Podrá ser suspendido cuando se acuerde la declaración del estado de sitio en los términos previstos en la Constitución, el derecho:

a) A la huelga de los trabajadores para la defensa de sus intereses.
b) A contraer matrimonio con plena igualdad jurídica.
c) A la negociación colectiva.
d) Ningún derecho podrá ser suspendido, únicamente se podrá limitar.

61. El derecho reconocido por la CE respecto de las Fundaciones comprende a:

a) Entidades cuya finalidad sea el interés general.
b) La Administración Corporativa.
c) Entes públicos con fines de carácter privado.
d) Sociedades civiles con personalidad pública.

62. La regulación del derecho de fundación reconocido constitucionalmente se hará:

a) Por ley orgánica exclusivamente como exige dicho texto legal.
b) Por las Comunidades Autónomas, al ser una materia atribuida específicamente a estas.

c) Mediante ley estatal, al tener expresamente reservada su competencia.

d) Por una norma de carácter legal en todo caso.

63. Unos funcionarios públicos deciden constituir una fundación cuya finalidad es, haciendo uso de los medios públicos de que disponen, registrar y difundir los datos de personas que posean antecedentes penales por delitos de carácter sexual, con objeto de advertir del peligro potencial que suponen, cumpliendo para ello con todos los requisitos legales, si bien su objeto sería posible tipificarlo como un delito contra la intimidad. Dicha fundación, en consecuencia:

a) Es legal, en tanto que es un derecho reconocido constitucionalmente y su finalidad es, indudablemente, de interés general.

b) Es ilegal, ya que persigue fines o utiliza medios tipificados como delito.

c) Es posible constituirla conforme a la CE, pero no puede operar hasta que no varíe su objeto social.

d) De ser legalmente constituida, lo que no es posible evitar, sus patronos estarían cometiendo un hecho delictivo.

64. Conforme al texto constitucional, las fundaciones solo podrán ser disueltas o suspendidas en sus actividades, en virtud de:

a) Acuerdo de sus patronos.

b) Resolución administrativa o judicial.

c) Orden policial.

d) Resolución judicial motivada, exclusivamente.

65. Según se contempla expresamente en la Constitución Española, están prohibidas las fundaciones:

a) Que no sean de utilidad pública.

b) De ningún tipo, pues no existe previsión constitucional al respecto.

c) Que, aun teniendo por objeto un fin lícito, empleen medios violentos o de alteración o control de la personalidad para su consecución.

d) Secretas y las de carácter paramilitar.

66. La Constitución Española reconoce el derecho a trabajar:

a) Solo a los españoles.

b) A todos.

c) A quienes residan en España y sus familiares.

d) A nadie, pues lo que se garantiza es el derecho al trabajo.

67. El deber de trabajar que se impone en la Constitución:

a) Choca frontalmente con el derecho a la intimidad.

b) Se introdujo en nuestro derecho por la Ley de Vagos y Maleantes del régimen preconstitucional.

c) Es una reminiscencia de las normas feudales o serviles de la Edad Media.

d) Es una obligación genérica ineludiblemente asociada al derecho al trabajo.

68. El derecho a la libre elección de profesión u oficio consagrado constitucionalmente, con respecto a las limitaciones establecidas por los poderes públicos al establecimiento de farmacias:

a) Se constituye como un límite a la actuación de la Administración Pública.

b) Se encuentra enfrentado a tal prerrogativa administrativa.

c) No tienen nada en común.

d) Es una manifestación de ese derecho.

69. El salario mínimo interprofesional:

a) Es el reconocimiento a la libertad de empresa en el marco de la economía de mercado.

b) Es manifestación del principio a la no discriminación.

c) Dimana del derecho a la igualdad previsto en el art. 14 CE.

d) Es concreción del derecho a una remuneración suficiente para satisfacer las necesidades del trabajador y las de su familia.

70. La Constitución Española contempla expresamente la no discriminación por razón de sexo en su regulación del derecho o derechos a:

a) La igualdad y la libertad.

b) La igualdad y al trabajo.

c) La igualdad, únicamente.

d) La igualdad, libertad e intimidad.

71. Se reconoce constitucionalmente la igualdad de los hijos:

a) Menores de edad.

b) Ya sean matrimoniales, extramatrimoniales o adoptivos.

c) Que se encuentren legalmente reconocidos.

d) En el seno de la familia.

72. El estado civil de las madres a efectos de la protección que constitucionalmente se le garantiza a la maternidad es:

a) Significativa, pues determina el régimen de protección aplicable.

b) Irrelevante.

c) Determinante, pues solo se ofrece al núcleo familiar matrimorial.

d) Insignificante, pues solo afecta a la distinta protección a los hijos en atención a su filiación.

73. Las pensiones alimenticias en favor de los hijos tienen su encaje constitucional en el deber de prestar asistencia:

a) Con independencia de la filiación y edad.

b) A los menores de edad cualquiera que sea su filiación.

c) A los hijos matrimoniales y adoptivos menores de edad.

d) Cuando la ley y una resolución judicial así lo determine.

74. Los derechos que la Convención sobre los Derechos del Niño, adoptada por la Asamblea General de las Naciones Unidas el 20 de noviembre de 1989, reconoce a los menores:

a) No están aceptados constitucionalmente.

b) Forman parte de los derechos fundamentales recogidos en la Constitución.

c) Son garantizados constitucionalmente.

d) Gozan de protección, a la luz del dictado constitucional, pero para su aplicación precisan ser incorporados al acervo legislativo de nuestro ordenamiento jurídico.

75. Para lograr el progreso social y económico, la CE insta a los poderes públicos a:

a) Garantizar medidas encaminadas a tal fin.

b) Asegurar la protección de los condicionantes necesarios.

c) Fomentar la política garantista de los derechos.

d) Promover condiciones favorables.

76. La CE prioriza que la distribución de la renta regional y personal se haga de forma:

a) Cohesionada.

b) Proporcional.

c) Equitativa.

d) Progresiva.

77. Para lograr la estabilidad económica, la CE propugna la realización por los poderes públicos de políticas orientadas al/a la:

a) Progreso social.

b) Socialización de las rentas.

c) Solidaridad interterritorial.

d) Pleno empleo.

78. La promoción por los poderes públicos de cursos de formación encaminados a que los trabajadores adecúen sus conocimientos a las evoluciones de la técnica aplicable al desarrollo de sus tareas profesionales, es lo que la CE denomina:

a) Promoción profesional.

b) Desarrollo laboral.

c) Estabilidad laboral.

d) Readaptación profesional.

79. La protección que deben dispensar los poderes públicos a los trabajadores respecto de los riesgos que conlleva el desempeño de su trabajo, velando por la integridad y salud de los trabajadores, responde al mandato constitucional que expresamente se contempla como:

a) Prevención de riesgos laborales.
b) Seguridad e higiene en el trabajo.
c) Derecho al trabajo.
d) Seguridad y salud en el ámbito de las empresas.

80. Indica cuál de las siguientes medidas no es reconocida por la CE como garantizadora del derecho al descanso necesario de los trabajadores:

a) Evitación de la precariedad en el empleo.
b) Limitación de la jornada laboral.
c) Vacaciones periódicas retribuidas.
d) Promoción de centros adecuados.

81. En relación con la protección constitucional a las personas durante la tercera edad:

a) Está dirigida exclusivamente a los ancianos sin recursos.
b) Los familiares están obligados a prestarla.
c) Es una competencia exclusiva del Estado.
d) No se entiende sin la acción protectora de la Seguridad Social.

82. La CE garantiza los derechos de los consumidores y usuarios mediante la protección de su:

a) Información y educación.
b) Seguridad, salud y legítimos intereses económicos.
c) Salud e información.
d) Salud, seguridad, información y educación.

83. Serán considerados consumidores y usuarios a efectos de la protección garantizada constitucionalmente:

a) Todos los españoles.
b) Los ciudadanos.
c) Las personas físicas.
d) Las personas que actúan en el mercado con un propósito ajeno a su actividad comercial, empresarial, oficio o profesión.

84. Los tribunales de Justicia han considerado la nulidad absoluta de las cláusulas bancarias denominadas "suelo" en base a la protección que la CE dispensa a/al:

a) Ejercicio y la defensa de la productividad, de acuerdo con las exigencias de la economía general y, en su caso, de la planificación.
b) La función social de la propiedad.

c) Principio de seguridad jurídica.

d) Los legítimos intereses económicos de los consumidores.

85. El Consejo de Consumidores y Usuarios, como órgano estatal de representación y consulta de las asociaciones de tal índole, encuentra habilitación constitucional a su cometido en el derecho de los consumidores y usuarios a/al:

a) La información y educación en la materia.

b) La regulación del comercio interior.

c) La obligación que tienen los poderes públicos de oír a las asociaciones de consumidores y usuarios en las cuestiones que puedan afectarles.

d) Establecimiento de procedimientos eficaces para su defensa.

86. El Defensor del Pueblo es una institución cuya función principal es ser el:

a) Alto representante de las Cortes Generales.

b) Alto signatario de las Cortes Generales.

c) Alto comisionado de las Cortes Generales.

d) Alto supervisor de las Cortes Generales.

87. La función principal del Defensor del Pueblo es la defensa de los derechos reconocidos constitucionalmente en:

a) La sección 1.ª del Capítulo II del Título I.

b) El Título I.

c) El Capítulo II del Título I.

d) El Ordenamiento Jurídico.

88. A efectos del cumplimiento de la finalidad atribuida al Defensor del Pueblo, la CE le faculta para:

a) La regulación de la organización administrativa.

b) La supervisión de la actividad administrativa.

c) El control de la actuación gubernativa.

d) La resolución de la conflictividad administrativa.

89. La CE reconoce al Defensor del Pueblo la legitimidad para la defensa de los derechos y libertades ante el Tribunal Constitucional mediante:

a) Los recursos de inconstitucionalidad y amparo.

b) Recurso de inconstitucionalidad, exclusivamente.

c) La cuestión de inconstitucionalidad.

d) Recurso de inconstitucionalidad y amparo si invoca interés legítimo.

90. El Defensor del Pueblo solo se encuentra constitucionalmente vinculado a los poderes públicos respecto de su gestión por su obligación de:

a) Dar cuenta al Gobierno.
b) Subordinarse al Tribunal Constitucional.
c) Rendir cuentas ante la Comisión mixta Congreso-Senado.
d) Informar a las Cortes Generales.

91. Declarado el estado de alarma conforme a lo constitucionalmente precep-tuado, procederá la suspensión de derechos fundamentales:

a) Individuales, si así lo dispone una ley orgánica.
b) Colectivos únicamente.
c) Colectivos, con la extensión que disponga una ley orgánica.
d) En ningún caso.

92. En situación de estado de sitio legalmente declarado, la suspensión del de-recho constitucional a la asistencia de un abogado en la práctica de diligencias po-liciales o judiciales procederá:

a) Si así lo dispone una ley orgánica.
b) Respecto de personas determinadas.
c) Con carácter colectivo.
d) En ningún caso.

93. Indica cuál de los siguientes derechos es posible suspender durante la vigencia de la declaración de los estados de excepción y sitio:

a) De asociación.
b) Derecho de huelga.
c) Libertad de sindicación.
d) Derecho de petición.

94. De los siguientes derechos, señala cuál de ellos puede ser objeto de suspen-sión individual:

a) Libertad de residencia.
b) Puesta a disposición de la autoridad judicial en un máximo de 72 horas.
c) Libertad de expresión.
d) Libertad de circulación.

95. Para que proceda la suspensión individual de los derechos a la inviolabilidad domiciliaria, al secreto de las comunicaciones y a la garantía de limitación temporal de la detención antes de su puesta a disposición judicial, la investigación criminal deberá versar sobre el delito de:

a) Asesinato.
b) Rebelión.

c) Atentado a la autoridad.
d) Violación.

96. ¿Cuál de los siguientes derechos constitucionales no puede ser suspendido ni siquiera tras la declaración de los estados de sitio o excepción?

a) Adopción de medidas de conflicto colectivo.
b) Secreto profesional.
c) Libertad de cátedra.
d) De reunión.

97. ¿Qué órgano tiene atribuida la facultad de suspender derechos fundamentales en los casos de declaración del estado de sitio?

a) Es automática, por lo que una vez declarado se entienden suspendidos los derechos.
b) El Congreso de los Diputados.
c) Las Cortes Generales.
d) El Gobierno.

98. La adopción de medidas de suspensión individual de derechos y libertades exige por la Constitución:

a) La declaración del estado de sitio.
b) La declaración del estado de excepción.
c) Intervención judicial y control parlamentario.
d) La declaración del estado de alarma.

99. Indica cuál de los siguientes derechos fundamentales puede ser suspendido colectivamente pero no individualmente:

a) Libertad de expresión.
b) Inviolabilidad domiciliaria.
c) Limitación temporal de las detenciones.
d) Secreto de las comunicaciones.

100. Producirá responsabilidad penal, como violación de los derechos y liberta-des reconocidos por las leyes, la utilización injustificada o abusiva de las facultades reconocidas:

a) En la declaración del estado de excepción.
b) En la ley que regule la suspensión individual de derechos fundamentales.
c) En la declaración del estado de sitio.
d) En la declaración de los estados de alarma, excepción o sitio.

Solución al test n.º 2

1. c) Limitado por la función social de la misma.

2. b) Igualdad y progresividad.

3. d) Nada de lo expuesto es cierto.

4. b) Aconfesional.

5. c) 15.

6. a) Ha quedado abolida.

7. a) Detención ilegal.

8. b) No dilatarse.

9. c) Puede efectuarse en todo momento.

10. b) Se necesitará autorización judicial para entrar, si no da su consentimiento para ello.

11. c) Sería inconstitucional.

12. b) Universal.

13. c) Secreto profesional.

14. c) Organizaciones Profesionales y la Administración Civil.

15. c) No declarar sobre hechos presuntamente delictivos.

16. a) Es libre.

17. a) No se admite.

18. b) Progresivo y generalizado.

19. a) Entidades constituidas para fines de interés general.

20. b) Es un deber de los padres.

21. a) Debe evitarse.

22. b) Investigación científica.

23. b) Negociación colectiva.

24. d) Lo están todos ellos.

25. b) Enseñanza.

26. c) Asistencia de Letrado.

27. b) Inviolabilidad del domicilio.

28. a) Que la dignidad de la persona es fundamento del orden político y de la paz social.

29. c) La seguridad jurídica.

30. c) No admite grados.

31. c) Establece que nadie puede ser obligado a declarar sobre su religión, ni sobre su ideología.

32. c) Es el orden público.

33. Como es lógico, es de ejercicio individual o colectivo, atendiendo a la vertiente que estemos analizando.

34. d) Se integra como una vertiente de la libertad ideológica, de la religiosa y de la de culto.

35. c) No podrá durar más tiempo que el que sea estrictamente necesario para la realización de las averiguaciones tendientes al esclarecimiento de los hechos, y, en todo caso, en el plazo máximo de setenta y dos horas, el detenido deberá ser puesto en libertad o a disposición de la autoridad judicial.

36. a) Se requiere de ley.

37. d) Es aplicable tanto a los españoles como a los extranjeros, sin perjuicio de que podemos encontrar alguna peculiaridad en el caso de los extranjeros.

38. c) La advertencia realizada por un agente.

39. a) Toda persona detenida debe ser informada de forma inmediata.

40. c) El detenido no puede ser obligado a declarar.

41. c) No podrá poner sanciones que directamente impliquen privación de libertad.

42. c) Principio de legalidad penal.

43. a) El derecho de asociación.

44. c) El derecho a sindicarse libremente.

45. a) El derecho de asociación.

46. a) El derecho de petición.

47. a) El derecho de participar en los asuntos públicos.

48. a) Derecho al juez ordinario predeterminado por la ley.

49. b) El condenado a pena de prisión que estuviera cumpliendo la misma tendrá derecho a un trabajo remunerado y a los beneficios correspondientes de la Seguridad Social.

50. b) Aquellas serán fijadas por ley.

51. a) A un Juez especial predeterminado por la ley.

52. a) Nadie podrá ser condenado o sancionado por acciones u omisiones que en el momento de producirse no constituyan delito según la legislación vigente en aquel momento.

53. a) El derecho a obtener tutela efectiva de los jueces y tribunales.

54. c) A la defensa y a la asistencia de letrado.

55. a) La libertad de enseñanza.

56. a) El derecho a la huelga de los trabajadores para la defensa de sus intereses.

57. a) El derecho de petición.

58. c) Las asociaciones que persigan fines o utilicen medios tipificados como delito son alegales.

59. a) A la huelga de los trabajadores para la defensa de sus intereses.

60. a) A la huelga de los trabajadores para la defensa de sus intereses.

61. a) Entidades cuya finalidad sea el interés general.

62. d) Por una norma de carácter legal en todo caso.

63. b) Es ilegal, ya que persigue fines o utiliza medios tipificados como delito.

64. d) Resolución judicial motivada, exclusivamente.

65. b) De ningún tipo, pues no existe previsión constitucional al respecto.

66. d) A nadie, pues lo que se garantiza es el derecho al trabajo.

67. d) Es una obligación genérica ineludiblemente asociada al derecho al trabajo.

68. a) Se constituye como un límite a la actuación de la Administración Pública.

69. d) Es concreción del derecho a una remuneración suficiente para satisfacer sus necesidades y las de su familia.

70. b) La igualdad y al trabajo.

71. b) Ya sean matrimoniales, extramatrimoniales o adoptivos.

72. b) Irrelevante.

73. a) Con independencia de la filiación y edad.

74. d) Gozan de protección, a la luz del dictado constitucional, pero para su aplicación precisan ser incorporados al acervo legislativo de nuestro ordenamiento jurídico.

75. d) Promover condiciones favorables.

76. c) Equitativa.

77. d) Pleno empleo.

78. d) Readaptación profesional.

79. b) Seguridad e higiene en el trabajo.

80. a) Evitación de la precariedad en el empleo.

81. b) Los familiares están obligados a prestarla.

82. b) Seguridad, salud y legítimos intereses económicos.

83. d) Las personas que actúan en el mercado con un propósito ajeno a su actividad comercial, empresarial, oficio o profesión.

84. d) Los legítimos intereses económicos de los consumidores.

85. c) La obligación que tienen los poderes públicos de oír a las asociaciones de consumidores y usuarios en las cuestiones que puedan afectarles.

86. c) Alto Comisionado de las Cortes Generales.

87. b) El Título I.

88. b) La supervisión de la actividad administrativa.

89. a) Los recursos de inconstitucionalidad y amparo.

90. d) Informar a las Cortes Generales.

91. d) En ningún caso.

92. c) Con carácter colectivo.

93. b) Derecho de huelga.

94. b) Puesta a disposición de la autoridad judicial en un máximo de 72 horas.

95. b) Rebelión.

96. c) Libertad de cátedra.

97. b) El Congreso de los Diputados.

98. c) Intervención judicial y control parlamentario.

99. a) Libertad de expresión.

100. b) En la ley que regule la suspensión individual de derechos fundamentales.

TEST N.º 3

El Municipio: concepto. Los órganos de gobierno municipales

1. Entre las potestades y prerrogativas que tienen los municipios se encuentran:

a) La tributaria y financiera.
b) De revisión de oficio de sus actos y acuerdos.
c) Expropiatoria.
d) Todas las respuestas son correctas.

2. Los elementos del Municipio son:

a) El territorio, la población y la financiación.
b) El territorio, las instituciones y la organización.
c) La organización, la autonomía y el territorio.
d) La población, la organización y el territorio.

3. Funcionan en régimen de Concejo Abierto:

a) Los municipios de menos de 200 habitantes.
b) Los municipios de menos de 300 habitantes.
c) Los municipios de menos de 500 habitantes.
d) Los municipios que tradicional y voluntariamente cuenten con ese singular régimen de gobierno y administración.

4. La organización municipal responde a las siguientes reglas:

a) El Alcalde, los Tenientes de Alcalde y el Pleno existen en todos los Ayuntamientos.
b) El Alcalde, la Junta de Gobierno y el Pleno existen en todos los Ayuntamientos.
c) El Alcalde y el Pleno existen en todos los Ayuntamientos.
d) El Alcalde y la Junta de Gobierno existen en todos los Ayuntamientos.

5. La Comisión Especial de Cuentas:

a) Existe en todos los municipios.
b) Existe en los municipios en que así se acuerde.

c) Existe en los municipios de más de 1000 habitantes.
d) Ninguna de las respuestas es correcta.

6. De acuerdo con la Ley Orgánica de Régimen Electoral será proclamado alcalde electo:

a) El Concejal que haya obtenido la mayoría simple de los votos de los concejales.
b) El Concejal que encabece la lista que haya obtenido mayor número de votos populares.
c) El Concejal que haya obtenido la mayoría absoluta de los votos de los concejales.
d) El Concejal que haya ganado el sorteo.

7. Los alcaldes tendrán tratamiento de:

a) Ilustrísima en los municipios de Madrid y Barcelona.
b) Excelencia en los municipios que sean capitales de provincia.
c) Señoría en los municipios que no sean capitales de provincia ni las ciudades de Madrid y Barcelona.
d) Ilustrísima en todos los municipios.

8. La cuestión de confianza a la que podrá ser sometido el Alcalde se puede vincular a:

a) La aprobación o modificación de los Presupuestos anuales.
b) La aprobación o modificación del Reglamento Orgánico.
c) La aprobación o modificación de las Ordenanzas Fiscales.
d) Todas las respuestas son verdaderas.

9. No es una atribución del Alcalde:

a) Aprobar la oferta de empleo público.
b) La aprobación del reglamento orgánico y de las ordenanzas.
c) Dictar Bandos.
d) Ejercer la jefatura de la Policía Municipal.

10. Es una atribución del Pleno del Ayuntamiento:

a) La alteración de la calificación jurídica de los bienes de dominio público.
b) La aprobación inicial de las leyes.
c) Desempeñar la jefatura superior de todo el personal.
d) Ordenar la publicación, ejecución y hacer cumplir los acuerdos del Ayuntamiento.

11. La Junta de Gobierno Local se integra por el Alcalde y un número de Concejales:

a) No superior al tercio del número legal de los mismos.
b) No superior a la mitad del número legal de los mismos.
c) No superior a dos tercios del número legal de los mismos.
d) Ninguna de las respuestas es correcta.

12. La personalidad jurídica de los Municipios, según la Constitución Española, es:

a) Propia.
b) Plena.
c) Reconocida por el Ente que los crea.
d) Dependiente de su autonomía.

13. Según nuestra Constitución, los Concejales no son elegidos por sufragio:

a) Universal.
b) Igual.
c) Paritario.
d) Libre.

14. La organización municipal complementaria que establezca una Comunidad Autónoma con carácter general, respecto a los Municipios de la misma:

a) Se aplica preferentemente a la establecida con tal carácter por el Estado.
b) Se aplica preferentemente a la establecida por el Reglamento Orgánico de cada Municipio.
c) Se aplica después de la del Estado y la del Reglamento Orgánico.
d) Las respuestas a) y b) son ciertas.

15. La elección de un Alcalde, tras unas elecciones locales, se efectúa:

a) Directamente en las elecciones locales.
b) En sesión extraordinaria al efecto.
c) En la sesión constitutiva de la Corporación.
d) Por los vecinos exclusivamente.

16. La destitución del Presidente de una Corporación Local se efectúa a través de la:

a) Renuncia.
b) Cuestión de confianza.
c) Moción de censura.
d) Las respuestas b) y c) son ciertas.

17. ¿Se puede presentar más de una moción de censura contra el mismo Presidente de una Entidad Local?

a) Sí, cuando prospere una de ellas.
b) Solo en distintos períodos de sesiones.
c) Depende del Reglamento Orgánico de la Entidad.
d) Nada de lo expuesto es cierto.

18. En una moción de censura contra un Presidente de una Entidad Local, puede ser candidato:

a) Los cabezas de lista.
b) Los portavoces de los Grupos Políticos.
c) Cualquier Concejal cuya aceptación expresa conste en el escrito de proposición de la moción.
d) Ninguno de los anteriores.

19. En el caso de que la cuestión de confianza planteada por un Alcalde no obtuviera el número necesario de votos favorables para la aprobación del acuerdo:

a) Quedan cesados todos sus miembros.
b) El Alcalde cesará automáticamente, quedando en funciones hasta la toma de posesión de quien hubiere de sucederle en el cargo.
c) Se nombra como tal al primer Teniente de Alcalde.
d) Se hace una nueva sesión constitutiva, tras la celebración de elecciones.

20. La denominada competencia residual, en virtud de la cual se le atribuyen aquellas competencias que no estén expresamente asignadas a otro órgano, la tiene en un Ayuntamiento el/la/las:

a) Pleno.
b) Comisiones Informativas.
c) Presidente.
d) Junta de Gobierno Local.

21. El voto de calidad del Presidente de una Corporación Local:

a) Inclina la votación al sector en el que él haya votado, en caso de empate producido en la reunión de un órgano colegiado.
b) Da fe del resultado de la votación.
c) Significa que es muy importante quien emite el voto.
d) Provoca la irrecurribilidad del acuerdo adoptado.

22. La delegación de competencias de un Alcalde:

a) Se efectúa por acuerdo de Pleno.
b) Se reviste formalmente en forma de Decreto de dicho Pleno.
c) Se puede dar en todo tipo de materias.
d) Nada de lo anterior es correcto.

23. Los nombramientos de funcionarios en los Ayuntamientos de Municipios de régimen común corresponden al/a la:

a) Pleno.
b) Junta de Gobierno Local.

c) Presidente.
d) Delegado de Personal.

24. La aprobación de las formas de gestión de los servicios públicos en los Ayuntamientos de Municipios de régimen común corresponde genuinamente al/a la:

a) Pleno.
b) Presidente.
c) Junta de Gobierno Local.
d) Comunidad Autónoma respectiva.

25. En un Municipio de 7.000 habitantes, ¿cuántos Concejales habrá de elegirse para su Ayuntamiento?

a) Siete.
b) Diez.
c) Trece.
d) Quince.

26. La representación del Ayuntamiento compete al/a la/a los:

a) Alcalde.
b) Pleno.
c) Junta de Gobierno Local.
d) Tenientes de Alcalde en su ámbito competencial respectivo.

27. Conceder gratificaciones al personal en Ayuntamientos de Municipios de régimen común es competencia del/de la:

a) Pleno.
b) Presidente.
c) Junta de Gobierno Local.
d) Junta de Personal.

28. Señala cuál de los siguientes puede ser una forma de organización desconcentrada del Municipio, para la administración de núcleos de población separados, sin personalidad jurídica:

a) Parroquia.
b) Pedanía.
c) Aldea.
d) Todos los anteriores pueden serlo.

29. La Junta de Gobierno Local de un Ayuntamiento de Municipio de régimen común tiene, además del Presidente, los siguientes miembros como máximo:

a) Diez.
b) Depende del número de habitantes.

c) Dos tercios del de la Corporación.
d) Un tercio de estos.

30. Los Concejales-Delegados se nombran por el/la:

a) Presidente.
b) Pleno.
c) Grupo Político.
d) Junta de Gobierno Local.

31. El Pleno, respecto del nombramiento de los Tenientes de Alcalde:

a) Es oído previamente.
b) Toma conocimiento.
c) Lo aprueba.
d) No tiene nada que hacer.

32. Los representantes personales en poblados y barriadas se dan solo en:

a) Los Municipios.
b) Las Provincias.
c) Las Islas menores.
d) Todas las respuestas son correctas.

33. La Comisión Especial de Cuentas es un órgano:

a) Necesario.
b) Complementario y, por lo tanto, facultativo.
c) Voluntario.
d) Decisorio.

34. Las Juntas Municipales de Distrito son creadas por el/la/los:

a) Comunidad Autónoma de que se trate.
b) Consejos Sectoriales.
c) Pleno del Ayuntamiento de que dependan.
d) Alcalde, a quien corresponde el nombramiento de sus integrantes.

35. Los grupos políticos de una Entidad Local deben estar representados forzosamente en la/los:

a) Comisión Especial de Cuentas.
b) Órganos desconcentrados.
c) Consejos Sectoriales.
d) Todas las respuestas son correctas.

36. Tiene carácter transitorio en el mandato de una Corporación Local el/la/las:

a) Comisiones Informativas Especiales.
b) Comisión Especial de Cuentas.
c) Pleno.
d) Comisiones Informativas en general.

37. El órgano complementario que se constituye con y sin miembros de la Corporación para tratar colegiadamente asuntos que afectan a materias concretas de la actividad y competencia de un Municipio se llama:

a) Comisión Informativa.
b) Consejo Sectorial.
c) Junta Municipal de Distrito.
d) Comisión Especial de Cuentas.

38. Los Consejos Sectoriales se presiden por el:

a) Presidente de la Corporación.
b) Miembro de esta que designe el Pleno.
c) Miembro de esta que designe el Presidente.
d) Elegido por y entre sus miembros.

39. Para ser representante personal del Alcalde en una barriada se requiere:

a) Elección por el Pleno.
b) Ser elegido en las elecciones locales por esa circunscripción.
c) Pertenecer al grupo de gobierno municipal.
d) Vivir en ella.

40. ¿Cuál de los siguientes no es uno de los tres elementos que, conforme al artículo 11.2.º LRL, constituyen el Municipio?

a) La organización.
b) La población.
c) Las competencias (propias o delegadas).
d) El territorio.

Solución al test n.º 3

1. d) Todas las respuestas son correctas.

2. d) La población, la organización y el territorio.

3. d) Los municipios que tradicional y voluntariamente cuenten con ese singular régimen de gobierno y administración.

4. a) El Alcalde, los Tenientes de Alcalde y el Pleno existen en todos los Ayuntamientos.

5. a) Existe en todos los municipios.

6. c) El Concejal que haya obtenido la mayoría absoluta de los votos de los concejales.

7. c) Señoría en los municipios que no sean capitales de provincia ni las ciudades de Madrid y Barcelona.

8. d) Todas las respuestas son verdaderas.

9. b) La aprobación del reglamento orgánico y de las ordenanzas.

10. a) La alteración de la calificación jurídica de los bienes de dominio público.

11. a) No superior al tercio del número legal de los mismos

12. b) Plena.

13. c) Paritario.

14. b) Se aplica preferentemente a la establecida por el Reglamento Orgánico de cada Municipio.

15. c) En la sesión constitutiva de la Corporación.

16. d) Las respuestas b) y c) son ciertas.

17. d) Nada de lo expuesto es cierto.

18. c) Cualquier Concejal cuya aceptación expresa conste en el escrito de proposición de la moción.

19. b) El Alcalde cesará automáticamente, quedando en funciones hasta la toma de posesión de quien hubiere de sucederle en el cargo

20. c) Presidente.

21. a) Inclina la votación al sector en el que él haya votado, en caso de empate producido en la reunión de un órgano colegiado.

22. d) Nada de lo anterior es correcto.

23. c) Presidente.

24. a) Pleno.

25. c) Trece.

26. a) Alcalde.

27. b) Presidente.

28. d) Todos los anteriores pueden serlo.

29. d) Un tercio de estos.

30. a) Presidente.

31. b) Toma conocimiento.

32. a) Los Municipios.

33. a) Necesario.

34. c) Pleno del Ayuntamiento de que dependan.

35. a) Comisión Especial de Cuentas.

36. a) Comisiones Informativas Especiales.

37. b) Consejo Sectorial.

38. c) Miembro de esta que designe el Presidente.

39. d) Vivir en ella.

40. c) Las competencias (propias o delegadas).

Libertad sindical.
Órganos de representación de los empleados públicos

1. Completar la siguiente frase: "Los empleados públicos tienen derecho a la negociación colectiva, representación y .... para la determinación de sus condiciones de trabajo":

a) Evaluación del desempeño.
b) Huelga.
c) Participación institucional.
d) Convenio.

2. Quedan excluidas de la obligatoriedad de la negociación colectiva:

a) Las normas que fijen los criterios y mecanismos generales en materia de evaluación del desempeño.
b) Los criterios generales para la determinación de prestaciones sociales y pensiones de clases pasivas.
c) Los criterios generales sobre ofertas de empleo público.
d) La determinación de condiciones de trabajo del personal directivo.

3. Las Juntas de Personal se constituirán en unidades electorales que cuenten con un censo mínimo de:

a) 15 funcionarios.
b) 25 funcionarios.
c) 30 funcionarios.
d) 50 funcionarios.

4. El derecho a participar, a través de las organizaciones sindicales, en los órganos de control y seguimiento de las entidades u organismos que legalmente se determine, es lo que el EBEP denomina:

a) Negociación colectiva.
b) Participación institucional.

c) Representación.
d) Derecho de reunión.

5. En las Mesas de Negociación, las partes están obligadas a negociar bajo el principio de:

a) El interés general.
b) Representación equilibrada.
c) Reconocimiento mutuo.
d) La buena fe.

6. A tenor del artículo 39 del EBEP los órganos específicos de representación de los funcionarios son:

a) Los Comités de Empresa y los Delegados de Prevención.
b) Los Delegados de Personal y las Juntas de Personal.
c) Las Mesas Generales de Negociación y las Mesas Sectoriales.
d) Los Comités de Personal y los Delegados de Servicio.

7. ¿Cuántos Delegados de Personal se elegirán en una unidad electoral con 41 funcionarios?

a) 1.
b) 2.
c) 3.
d) Entre 40 y 100 funcionarios se elige una Junta de Personal con 5 representantes.

8. Los miembros de las Juntas de Personal y los Delegados de Personal de una unidad administrativa con menos de 100 funcionarios, tendrán derecho dentro de la jornada de trabajo, a un crédito de:

a) 8 horas mensuales.
b) 10 horas mensuales.
c) 12 horas mensuales.
d) 15 horas mensuales.

9. El mandato de los miembros de las Juntas de Personal y de los Delegados de Personal, en su caso, será de:

a) 3 años.
b) 4 años.
c) 5 años.
d) 7 años.

10. Señalar la opción correcta:

a) Las Juntas de Personal se elegirán mediante listas cerradas a través de un sistema proporcional corregido, y los Delegados de Personal mediante listas abiertas y s stema mayoritario.

b) Los Delegados de Personal se elegirán mediante listas cerradas a través de un sistema proporcional corregido, y las Juntas de Personal mediante listas abiertas y sistema mayoritario.

c) Tanto las Juntas de Personal como los Delegados de Personal se elegirán mediante listas cerradas a través de un sistema proporcional corregido.

d) Tanto las Juntas de Personal como los Delegados de Personal se elegirán mediante listas abiertas y sistema mayoritario.

11. La libertad sindical comprende:

a) El derecho a fundar sindicatos, previa autorización del Ministerio del Interior.

b) La obligación a afiliarse a algún sindicato.

c) El derecho del trabajador a afiliarse al sindicato de su elección.

d) El derecho a coartar el libre ejercicio del derecho de huelga.

12. Las organizaciones sindicales en el ejercicio de la libertad sindical:

a) En ningún caso podrán ser disueltas.

b) En ningún caso podrán ser suspendidas de sus actividades.

c) Podrán ser suspendidas o disueltas mediante resolución firme de la Autoridad Judicial, fundada en incumplimiento grave de las Leyes.

d) Solo podrán ser suspendidas o disueltas en situaciones de emergencia.

13. Tendrán la consideración de sindicatos más representativos a nivel estatal, los que acrediten una especial audiencia, expresada en la obtención, en dicho ámbito de un porcentaje, del total de delegados de personal de los miembros de los comités de empresa y de los correspondientes órganos de las Administraciones Públicas, de al menos el:

a) 10 %.

b) 15 %.

c) 20 %.

d) 25 %.

14. Para ostentar la consideración de sindicatos más representativos a nivel de Comunidad Autónoma, entre otras condiciones los sindicatos deben contar con un mínimo de:

a) 500 representantes.

b) 750 representantes.

c) 1.000 representantes.

d) 1.500 representantes.

15. ¿Cuál de las siguientes funciones o facultades NO podrán asumir las organizaciones sindicales que aun no teniendo la consideración de más representativas hayan obtenido, en un ámbito territorial y funcional específico, el 10 por 100 o más de delegados de personal y miembros de comité de empresa y de los correspondientes órganos de las Administraciones Públicas?

a) Obtener cesiones temporales del uso de inmuebles patrimoniales públicos en los términos que se establezcan legalmente.

b) Promover elecciones para delegados de personal y comités de empresa y órganos correspondientes de las Administraciones Públicas.

c) Participar como interlocutores en la determinación de las condiciones de trabajo en las Administraciones Públicas a través de los oportunos procedimientos de consulta o negociación.

d) Participar en los sistemas no jurisdiccionales de solución de conflictos de trabajo.

16. Será objeto de negociación, en su ámbito respectivo y en relación con las competencias de cada Administración Pública y con el alcance que legalmente proceda:

a) La determinación concreta de los procedimientos de acceso al empleo público.

b) La regulación concreta de los criterios de promoción profesional.

c) Las materias referidas a calendario laboral.

d) La determinación de condiciones de trabajo del personal directivo.

17. Serán objeto de negociación, en su ámbito respectivo y en relación con las competencias de cada Administración Pública y con el alcance que legalmente proceda en cada caso:

a) Las normas que fijen los criterios generales en materia de acceso, carrera, provisión, sistemas de clasificación de puestos de trabajo, y planes e instrumentos de planificación de recursos humanos.

b) Las decisiones de las Administraciones Públicas que afecten a sus potestades de organización.

c) La regulación del ejercicio de los derechos de los ciudadanos y de los usuarios de los servicios públicos, así como el procedimiento de formación de los actos y disposiciones administrativas.

d) La regulación y determinación concreta, en cada caso, de los sistemas, criterios, órganos y procedimientos de acceso al empleo público y la promoción profesional.

18. El proceso de negociación se abrirá, en cada Mesa de Negociación, en la fecha que, de común acuerdo, fijen la Administración correspondiente y la mayoría de la representación sindical. A falta de acuerdo, y salvo que existan causas legales o pactadas que lo impidan, el proceso se iniciará desde que la mayoría de una de las partes legitimadas lo promueva, en el plazo máximo de:

a) 1 mes.

b) 2 meses.

c) 3 meses.
d) 6 meses.

19. En una unidad electoral de más de 750 funcionarios, los miembros de las Juntas de Personal, como representantes legales de los funcionarios, dispondrán en el ejercicio de su función representativa de un crédito de horas mensuales dentro de la jornada de trabajo y retribuidas como de trabajo efectivo, de:

a) 35 horas.
b) 20 horas.
c) 30 horas.
d) 40 horas.

20. Es un criterio, según el EBEP, de los procedimientos reglamentarios para la elección de las Juntas de Personal y para la elección de Delegados de Personal:

a) Podrán presentar candidaturas las organizaciones sindicales legalmente constituidas o las coaliciones de estas, y los grupos de electores de una misma unidad electoral, siempre que el número de ellos sea equivalente, al menos, al doble de los miembros a elegir.

b) La elección se realizará mediante sufragio personal, directo, libre y secreto que podrá emitirse por correo o por otros medios telemáticos.

c) Tendrán la consideración de electores, pero no así de elegibles, los funcionarios que ocupen puestos cuyo nombramiento se efectúe a través de real decreto o por decreto de los consejos de gobierno de las comunidades autónomas y de las ciudades de Ceuta y Melilla.

d) Serán electores y elegibles los funcionarios cualquiera que sea la situación administrativa en que se encuentren, excepto la suspensión de funciones.

21. Están legitimados para convocar una reunión los empleados públicos de las Administraciones respectivas en número no inferior al siguiente porcentaje del colectivo convocado:

a) 25 %.
b) 30 %.
c) 40 %.
d) 50 %.

22. Se elegirá un Delegado de Personal en las unidades electorales donde el número de funcionarios sea:

a) Entre 5 y 50 funcionarios.
b) Entre 10 y 40 funcionarios.
c) Entre 6 y 30 funcionarios.
d) Entre 8 y 39 funcionarios.

23. Según el Estatuto Básico del Empleado Público, el número máximo de representantes de una Junta de Personal es de:

a) 50.
b) 75.
c) 60.
d) 80.

24. Según el EBEP, el reglamento de una Junta de Personal y sus modificaciones deberán ser aprobados por los votos favorables de, al menos:

a) La mayoría simple de sus miembros.
b) La mayoría absoluta de sus miembros.
c) Tres quintos de sus miembros.
d) Dos tercios de sus miembros.

25. En relación con el procedimiento de elección de Juntas y Delegados de Personal es cierto que:

a) Serán electores y elegibles todos los funcionarios, excepto los que se encuentren en la situación de separación del servicio.
b) Los funcionarios que ocupen puestos cuyo nombramiento se efectúe a través de real decreto o por decreto de los consejos de gobierno de las comunidades autónomas y de las ciudades de Ceuta y Melilla, tienen la condición de electores pero no la de elegibles.
c) Podrán presentar candidaturas las organizaciones sindicales legalmente constituidas o las coaliciones de estas, y los grupos de electores de una misma unidad electoral, siempre que el número de ellos sea equivalente, al menos, al triple de los miembros a elegir.
d) Todas las impugnaciones deberán tramitarse conforme a un procedimiento arbitral.

26. En relación con los Pactos y Acuerdos de las Mesas de Negociación, NO es cierto que:

a) Los Acuerdos versarán sobre materias competencia de los órganos de gobierno de las Administraciones Públicas.
b) Los Pactos se celebrarán sobre materias que se correspondan estrictamente con el ámbito competencial del órgano administrativo que lo suscriba.
c) Si los Acuerdos ratificados tratan sobre materias sometidas a reserva de ley que, en consecuencia, solo pueden ser determinadas definitivamente por las Cortes Generales o las asambleas legislativas de las comunidades autónomas, su contenido conservará eficacia directa mientras no sean rechazados.
d) Los Pactos y Acuerdos en sus respectivos ámbitos y en relación con las competencias de cada Administración Pública, podrán fijar las reglas que han de resolver los conflictos de concurrencia entre las negociaciones de distinto ámbito y los criterios de primacía y complementariedad entre las diferentes unidades negociadoras.

27. A efectos del EBEP, se entiende por negociación colectiva el derecho a negociar:

a) La composición de las Mesas de Negociación.

b) La determinación de condiciones de trabajo de los empleados de la Administración Pública.

c) El procedimiento de elección de representantes de los empleados de la Administración Pública.

d) La estructura orgánica de la Administración Pública.

28. La facultad de elegir representantes y constituir órganos unitarios a través de los cuales se instrumente la interlocución entre las Administraciones Públicas y sus empleados, es lo que el EBEP denomina:

a) Representación.

b) Participación.

c) Legitimación.

d) Negociación.

29. En virtud del artículo 31.6 del EBEP ¿pueden las organizaciones sindicales más representativas interponer recursos contra las resoluciones de los órganos de selección de la Administración Pública?

a) No, en ningún caso.

b) Sólo en la vía administrativa.

c) Sólo en la vía jurisdiccional.

d) Sí, tanto en vía administrativa como en la jurisdiccional.

30. En relación a los procedimientos para determinar condiciones de trabajo en las Administraciones Públicas, es cierto que:

a) Sólo atenderán a lo previsto en el EBEP.

b) Deben tener en cuenta las previsiones establecidas en los convenios y acuerdos de carácter internacional ratificados por España.

c) No se verán afectados por convenios o acuerdos de carácter internacional.

d) Deben ser autorizados por las autoridades laborales de la Unión Europea.

31. Según el artículo 32.1 del EBEP, la negociación colectiva, representación y participación de los empleados públicos con contrato laboral:

a) Se rige por la misma legislación de los funcionarios.

b) Se rige básicamente por el EBEP.

c) Se rige por la legislación laboral, sin perjuicio de los preceptos del capítulo IV del título III del EBEP que expresamente les son de aplicación.

d) Se rige exclusivamente por la legislación laboral.

32. Según el artículo 32.2 del EBEP:

a) No se puede garantizar el cumplimiento de los convenios colectivos y acuerdos que afecten al personal laboral.

b) Los convenios colectivos y acuerdos que afecten al personal laboral son de obligado cumplimiento, sin excepciones.

c) Se garantiza el cumplimiento de los convenios colectivos y acuerdos que afecten al personal laboral, salvo cuando excepcionalmente y por causa grave de interés público derivada de una alteración sustancial de las circunstancias económicas, los órganos de gobierno de las Administraciones Públicas suspendan o modifiquen el cumplimiento de convenios colectivos o acuerdos ya firmados en la medida estrictamente necesaria para salvaguardar el interés público.

d) Se garantiza el cumplimiento de los convenios colectivos y acuerdos que afecten al personal laboral, salvo cuando excepcionalmente en situaciones de emergencia, las Cortes Generales o las Asambleas autonómicas suspendan o modifiquen el cumplimiento de convenios colectivos o acuerdos ya firmados en la medida estrictamente necesaria para salvaguardar el interés público.

33. En relación a la suspensión o modificación del cumplimiento de convenios colectivos o acuerdos que afecten al personal laboral de las Administraciones Públicas, es cierto que:

a) Las Administraciones Públicas deberán informar a las organizaciones sindicales de las causas de la suspensión o modificación.

b) Las Administraciones Públicas deberán informar a cada trabajador de las causas de la suspensión o modificación.

c) Las organizaciones sindicales deberán informar a cada trabajador de las causas de la suspensión o modificación.

d) Las Administraciones Públicas deberán informar a las Cortes Generales o las Asambleas autonómicas de las causas de la suspensión o modificación, para su ratificación.

34. Los órganos de representación del personal laboral de las Administraciones Públicas son:

a) Los comités de empresa y los delegados de personal.

b) Los delegados de personal y las juntas de personal.

c) Los sindicatos más representativos.

d) Los sindicatos de la Administración Pública.

35. Corresponde a los delegados de personal la representación de los trabajadores del centro de trabajo que tenga:

a) Menos de 10 trabajadores.

b) Menos de 50 y más de 10 trabajadores.

c) Más de 10 trabajadores.

d) Más de 50 trabajadores.

Solución al test n.º 4

1. c) Participación institucional.

2. d) La determinación de condiciones de trabajo del personal directivo.

3. d) 50 funcionarios.

4. b) Participación institucional.

5. d) La buena fe.

6. b) Los Delegados de Personal y las Juntas de Personal.

7. c) 3.

8. d) 15 horas mensuales.

9. b) 4 años.

10. a) Las Juntas de Personal se elegirán mediante listas cerradas a través de un sistema proporcional corregido, y los Delegados de Personal mediante listas abiertas y sistema mayoritario.

11. c) El derecho del trabajador a afiliarse al sindicato de su elección.

12. c) Podrán ser suspendidas o disueltas mediante resolución firme de la Autoridad Judicial, fundada en incumplimiento grave de las Leyes.

13. a) 10 %.

14. d) 1.500 representantes.

15. a) Obtener cesiones temporales del uso de inmuebles patrimoniales públicos en los términos que se establezcan legalmente.

16. c) Las materias referidas a calendario laboral.

17. a) Las normas que fijen los criterios generales en materia de acceso, carrera, provisión, sistemas de clasificación de puestos de trabajo, y planes e instrumentos de planificación de recursos humanos.

18. a) 1 mes.

19. d) 40 horas.

20. b) La elección se realizará mediante sufragio personal, directo, libre y secreto que podrá emitirse por correo o por otros medios telemáticos.

21. c) 40 %.

22. c) Entre 6 y 30 funcionarios.

23. b) 75.

24. d) Dos tercios de sus miembros.

25. c) Podrán presentar candidaturas las organizaciones sindicales legalmente constituidas o las coaliciones de estas, y los grupos de electores de una misma unidad electoral, siempre que el número de ellos sea equivalente, al menos, al triple de los miembros a elegir.

26. c) Si los Acuerdos ratificados tratan sobre materias sometidas a reserva de ley que, en consecuencia, solo pueden ser determinadas definitivamente por las Cortes Generales o las asambleas legislativas de las comunidades autónomas, su contenido conservará eficacia directa mientras no sean rechazados.

27. b) La determinación de condiciones de trabajo de los empleados de la Administración Pública.

28. a) Representación.

29. d) Sí, tanto en vía administrativa como en la jurisdiccional.

30. b) Deben tener en cuenta las previsiones establecidas en los convenios y acuerdos de carácter internacional ratificados por España.

31. c) Se rige por la legislación laboral, sin perjuicio de los preceptos del capítulo IV del título III del EBEP que expresamente les son de aplicación.

32. c) Se garantiza el cumplimiento de los convenios colectivos y acuerdos que afecten al personal laboral, salvo cuando excepcionalmente y por causa grave de interés público derivada de una alteración sustancial de las circunstancias económicas, los órganos de gobierno de las Administraciones Públicas suspendan o modifiquen el cumplimiento de convenios colectivos o acuerdos ya firmados en la medida estrictamente necesaria para salvaguardar el interés público.

33. a) Las Administraciones Públicas deberán informar a las organizaciones sindicales de las causas de la suspensión o modificación.

34. a) Los comités de empresa y los delegados de personal.

35. b) Menos de 50 y más de 10 trabajadores.

Competencias y funciones del Alcalde en los municipios de gran población

1. Se considera un municipio de gran población:

a) A los municipios cuya población supere los 250.000 habitantes.

b) A los municipios capitales de provincia cuya población sea superior a los 175.000 habitantes.

c) A los municipios que sean capitales de provincia, capitales autonómicas o sedes de las instituciones autonómicas.

d) Todas las respuestas anteriores son correctas.

2. Tiene un título dedicado a los municipios de gran población:

a) La Ley 7/1985, de 2 de abril.

b) La Ley 1/1980, de 1 de abril.

c) La Ley 7/1990, de 3 de enero.

d) La Ley 10/2010, de 4 de junio.

3. Cuando de acuerdo con las cifras oficiales de población resultantes de la revisión del padrón municipal aprobadas por el Gobierno con referencia al 1 de enero del año anterior al del inicio de cada mandato de su ayuntamiento, alcance la población requerida para la aplicación del régimen previsto en este título, la nueva corporación dispondrá de:

a) Un plazo máximo de seis meses desde su constitución para adaptar su organización al contenido de las disposiciones aplicables.

b) Un plazo máximo de un año desde su constitución para adaptar su organización al contenido de las disposiciones aplicables.

c) Un plazo máximo de dos años desde su constitución para adaptar su organización al contenido de las disposiciones aplicables.

d) Un plazo máximo de cuatro años desde su constitución para adaptar su organización al contenido de las disposiciones aplicables.

4. Los municipios a los que resulte de aplicación el régimen de municipios de gran población:

a) No continuarán rigiéndose por el mismo aun cuando su cifra oficial de población se reduzca posteriormente por debajo del límite establecido en esta ley.
b) Continuarán rigiéndose por el mismo aun cuando su cifra oficial de población se reduzca posteriormente por debajo del límite establecido en esta ley.
c) Solo en casos excepcionales continuarán rigiéndose por el mismo aun cuando su cifra oficial de población se reduzca posteriormente por debajo del límite establecido en esta ley.
d) Solo cuando se pacta continuarán rigiéndose por el mismo aun cuando su cifra oficial de población se reduzca posteriormente por debajo del límite establecido en esta ley.

5. Es un órgano superior del municipio de gran población:

a) El Alcalde.
b) Los coordinadores generales de cada área.
c) Los miembros de la Junta de Gobierno Local.
d) Son correctas las respuestas a) y c).

6. Es un órgano directivo del municipio de gran población:

a) El Alcalde.
b) Los miembros de la Junta de Gobierno Local.
c) El titular de la asesoría jurídica.
d) Todas las respuestas anteriores son incorrectas.

7. Es un órgano directivo del municipio de gran población:

a) Los coordinadores generales de cada área o concejalía.
b) El Secretario general del Pleno.
c) El interventor general municipal.
d) Todas las respuestas anteriores son correctas.

8. Los titulares de los máximos órganos de dirección de los organismos autónomos se consideran:

a) Órganos superiores.
b) Órganos inferiores.
c) Órganos directivos.
d) Órganos operativos.

9. Los titulares de los máximos órganos de dirección de las entidades públicas empresariales locales se consideran:

a) Órganos superiores.
b) Órganos inferiores.

c) Órganos directivos.

d) Órganos operativos.

10. El nombramiento de los coordinadores generales y de los directores generales, atendiendo a criterios de competencia profesional y experiencia deberá efectuarse entre:

a) Funcionarios de carrera del Estado.

b) Funcionarios de carrera de las Comunidades Autónomas.

c) Funcionarios de carrera de las Entidades Locales.

d) Todas las respuestas anteriores son correctas.

11. En un municipio de gran población, ostenta la máxima representación:

a) El presidente comarcal.

b) El presidente provincial.

c) El Alcalde.

d) El Pleno del ayuntamiento.

12. ¿Tiene el tratamiento de Excelencia?

a) El Alcalde.

b) El Pleno.

c) El teniente de alcalde.

d) Toda persona que forme parte del Gobierno local.

13. ¿Cuál de las siguientes es una función del Alcalde?

a) Dirigir la política, el gobierno y la administración municipal.

b) Establecer directrices generales de la acción de gobierno municipal y asegurar su continuidad.

c) Convocar y presidir las sesiones del Pleno y las de la Junta de Gobierno Local y decidir los empates con voto de calidad.

d) Todas las respuestas anteriores son correctas.

14. En caso de ausencia del Alcalde, le sustituirá:

a) El Concejal que designe.

b) Un Teniente de Alcalde.

c) No va a ser substituido.

d) Se nombrará a un nuevo Alcalde.

15. Pueden ser candidatos a Alcalde:

a) Cualquier ciudadano del pueblo.

b) Todos los Concejales que encabecen sus correspondientes listas y no hayan renunciado previamente.

c) Solo los Concejales del partido más votado.
d) Solo los Tenientes de Alcalde de la legislatura anterior.

16. Indica el tratamiento que debe recibir el Teniente de Alcalde en un municipio de gran población:

a) Señoría.
b) Excelencia.
c) Ilustrísima.
d) Honorable.

17. ¿Quién puede nombrar al Teniente de Alcalde?

a) El Pleno.
b) El Alcalde.
c) El Presidente de la Diputación.
d) El Secretario General.

18. Indica el órgano que preside la sesión de elección del nuevo Alcalde en caso de incomparecencia del elegido:

a) El Plano.
b) El Teniente de Alcalde.
c) La Mesa de Edad.
d) El Secretario General.

19. ¿Cuál es el plazo para celebrar la sesión extraordinaria de elección de un nuevo Alcalde por vacancia?

a) 5 días.
b) 10 días.
c) 15 días.
d) 20 días.

20. ¿Quién puede suplir al Alcalde en caso de ausencia?

a) El Pleno.
b) El Secretario General.
c) El Teniente de Alcalde.
d) El Coordinador General.

21. ¿Qué órgano puede dictar bandos municipales?

a) El Pleno.
b) El Alcalde.

c) La Junta de Gobierno Local.
d) El Secretario General.

22. ¿Cuál de las siguientes funciones no puede ser delegada por el Alcalde?

a) El establecimiento de directrices generales.
b) El dictar bandos.
c) El autorizar gastos.
d) El ejercer acciones judiciales.

23. ¿Qué órgano tiene la dirección superior del personal municipal?

a) El Pleno.
b) El Alcalde.
c) El Secretario General.
d) Las Comisiones del Pleno.

24. ¿Qué órgano puede establecer la estructura ejecutiva de la administración municipal?

a) El Pleno.
b) El Alcalde.
c) El Secretario General.
d) El Consejo Social.

25. ¿Qué órgano puede ejercer la revisión de oficio de sus propios actos?

a) El Pleno.
b) El Alcalde.
c) El Secretario General.
d) El Consejo Social.

Solución al test n.º 5

1. d) Todas las respuestas anteriores son correctas.

2. a) La Ley 7/1985, de 2 de abril.

3. a) Un plazo máximo de seis meses desde su constitución para adaptar su organización al contenido de las disposiciones aplicables.

4. b) Continuarán rigiéndose por el mismo aun cuando su cifra oficial de población se reduzca posteriormente por debajo del límite establecido en esta ley.

5. d) Son correctas las respuestas a) y c).

6. c) El titular de la asesoría jurídica.

7. d) Todas las respuestas anteriores son correctas.

8. c) Órganos directivos.

9. c) Órganos directivos.

10. d) Todas las respuestas anteriores son correctas.

11. c) El Alcalde.

12. a) El Alcalde.

13. d) Todas las respuestas anteriores son correctas.

14. b) Un Teniente de Alcalde.

15. b) Todos los Concejales que encabecen sus correspondientes listas y no hayan renunciado previamente.

16. c) Ilustrísima.

17. b) El Alcalde.

18. c) La Mesa de Edad.

19. b) 10 días.

20. c) El Teniente de Alcalde.

21. b) El Alcalde.

22. b) El dictar bandos.

23. b) El Alcalde.

24. b) El Alcalde.

25. b) El Alcalde.

Competencias y composición del Pleno en los municipios de gran población

1. El Pleno:

a) Es el órgano de representación política del alcalde en el gobierno municipal.
b) Está formado por el Alcalde.
c) Está conformado por los Concejales.
d) Todas las respuestas anteriores son correctas.

2. El Pleno:

a) Es convocado por el Alcalde.
b) Se convoca automáticamente de forma semanal.
c) Está presidido por el Alcalde.
d) Son correctas las respuestas a) y c).

3. El Pleno:

a) Tendrá reglamento propio.
b) Seguirá el reglamento establecido por la alcaldía.
c) Únicamente se rige por la Ley Reguladora de las Bases del Régimen Local.
d) Todas las respuestas anteriores son incorrectas.

4. Es una atribución del Pleno en municipios de gran población:

a) El control y la fiscalización de los órganos de gobierno.
b) La votación de la moción de censura al Alcalde y de la cuestión de confianza planteada por este.
c) La aprobación y modificación de las ordenanzas y reglamentos municipales.
d) Todas las respuestas anteriores son correctas.

5. Para los acuerdos relativos a la delimitación y alteración del término municipal:

a) Se requerirá el voto favorable de la mayoría simple del número legal de miembros del Pleno.

b) Se requerirá el voto favorable de la mayoría absoluta del número legal de miembros del Pleno.

c) Se requerirá el voto favorable de la mayoría simple de los asistentes del Pleno.

d) Se requerirá el voto favorable de la mayoría absoluta de los asistentes del Pleno.

6. Corresponderán a las comisiones del Pleno:

a) El estudio, informe o consulta de los asuntos que hayan de ser sometidos a la decisión del Pleno.

b) El seguimiento de la gestión del Alcalde y de su equipo de gobierno, pero no entendida como superior control y fiscalización.

c) Son correctas las respuestas a) y b).

d) Todas las respuestas anteriores son incorrectas.

7. Corresponderán a las comisiones del Pleno las siguientes funciones:

a) El estudio, informe o consulta de los asuntos que hayan de ser sometidos a la decisión del Pleno.

b) La redacción y custodia de las actas, así como la supervisión y autorización de las mismas, con el visto bueno del Presidente del Pleno.

c) La expedición, con el visto bueno del Presidente del Pleno, de las certificaciones de los actos y acuerdos que se adopten.

d) La asistencia al Presidente del Pleno para asegurar la convocatoria de las sesiones, el orden en los debates y la correcta celebración de las votaciones, así como la colaboración en el normal desarrollo de los trabajos del Pleno y de las comisiones.

8. Corresponderán al secretario general del Pleno, que lo será también de las comisiones, las siguientes funciones:

a) La comunicación, publicación y ejecución de los acuerdos plenarios.

b) La redacción y custodia de las actas, así como la supervisión y autorización de las mismas, con el visto bueno del Presidente del Pleno.

c) La expedición, con el visto bueno del Presidente del Pleno, de las certificaciones de los actos y acuerdos que se adopten.

d) Todas las respuestas anteriores.

9. El asesoramiento legal al Pleno y a las comisiones será preceptivo:

a) Cuando así lo ordene el Presidente o cuando lo solicite un tercio de sus miembros con antelación suficiente a la celebración de la sesión en que el asunto hubiere de tratarse.

b) Siempre que se trate de asuntos sobre materias para las que se exija una mayoría especial.

c) Cuando una ley así lo exija en las materias de la competencia plenaria.
d) Todas las respuestas anteriores son correctas.

10. Existe un Consejo Social de la Ciudad:

a) Solo en aquellos municipios que lo quieran.
b) En los municipios de gran población.
c) Excepcionalmente, en algunos municipios.
d) Ya no existen como tal.

11. Integran el Consejo Social de la Ciudad:

a) Los representantes de las organizaciones económicas más representativas.
b) Los representantes de las organizaciones sociales más representativas.
c) Los representantes de las organizaciones de vecinos más representativas.
d) Todas las respuestas anteriores son correctas.

12. Corresponderá a la Comisión Especial de Sugerencias y Reclamaciones:

a) La emisión de informes en materia de desarrollo local.
b) La emisión de informes de planificación estratégica de la ciudad.
c) La propuesta de grandes proyectos urbanos.
d) Todas las respuestas anteriores son incorrectas.

13. La Comisión Especial de Sugerencias y Reclamaciones:

a) Está regida por ley.
b) Estará formada por representantes de todos los grupos que integren el Pleno, de forma proporcional al número de miembros que tengan en el mismo.
c) No podrá supervisar en términos generales la actividad de la Administración municipal.
d) Dará cuenta al Pleno con un informe mensual.

14. El Reglamento Orgánico del Ayuntamiento de Alicante fecha de:

a) 2001.
b) 2004.
c) 2011.
d) 2017.

15. El Ayuntamiento, en términos generales, se constituye, en sesión pública:

a) El primer día posterior a la celebración de las elecciones.
b) El quinto día posterior a la celebración de las elecciones.
c) El vigésimo día posterior a la celebración de las elecciones.
d) Al mes posterior a la celebración de las elecciones.

16. ¿Cuál es la naturaleza jurídica del reglamento del Pleno?

a) Orgánica.
b) Ordinaria.
c) Electoral.
d) Presupuestaria.

17. ¿En quién puede delegar la presidencia del Pleno el Alcalde?

a) En el Secretario General.
b) En un concejal.
c) En el concejal más joven.
d) En un miembro de la Junta de Gobierno Local.

18. ¿Qué órgano es el encargado de supervisar la actividad del Alcalde y del equipo de gobierno?

a) El Consejo Social.
b) Las Comisiones del Pleno.
c) El Secretario General.
d) Solo un interventor.

19. Indica el órgano que emite un informe anual sobre quejas vecinales:

a) El Consejo Social.
b) El Pleno.
c) La Comisión especial del sugerencias y reclamaciones.
d) El Alcalde.

20. Indica el órgano que puede emitir propuestas sobre grandes proyectos urbanos:

a) El Pleno.
b) El Consejo Social de la Ciudad.
c) La Junta del Gobierno Local.
d) El Interventor.

21. Indica el órgano que está formado por representantes de organizaciones económicas, sociales y vecinales:

a) El Pleno.
b) La Comisión Especial.
c) El Consejo Social de la Ciudad.
d) c) La Junta del Gobierno Local.

22. Indica el órgano que tiene funciones de asesoramiento legal preceptivo al Pleno:

a) El Interventor.
b) El Secretario General del Pleno.
c) El Consejo Social.
d) El Alcalde.

23. Indica cuál de las siguientes funciones no puede ser delegada por el Pleno en las comisiones:

a) La aprobación de las ordenanzas.
b) El ejercicio de acciones judiciales.
c) La aprobación de presupuestos.
d) Todas las respuestas anteriores son incorrectas,

24. Para aprobar la creación de distritos municipales se requiere:

a) Mayoría simple.
b) Mayoría absoluta.
c) Dos tercios de los votos.
d) Unanimidad.

25. Determina el régimen retributivo del Alcalde y de los concejales:

a) El Consejo Social.
b) El Pleno.
c) El Interventor.
d) La Junta de Gobierno Local.

Solución al test n.º 6

1. d) Todas las respuestas anteriores son correctas.

2. d) Son correctas las respuestas a) y c).

3. a) Tendrá reglamento propio.

4. d) Todas las respuestas anteriores son correctas.

5. b) Se requerirá el voto favorable de la mayoría absoluta del número legal de miembros del Pleno.

6. d) Todas las respuestas anteriores son incorrectas.

7. a) El estudio, informe o consulta de los asuntos que hayan de ser sometidos a la decisión del Pleno.

8. d) Todas las respuestas anteriores.

9. d) Todas las respuestas anteriores son correctas.

10. b) En los municipios de gran población.

11. d) Todas las respuestas anteriores son correctas.

12. d) Todas las respuestas anteriores son incorrectas.

13. b) Estará formada por representantes de todos los grupos que integren el Pleno, de forma proporcional al número de miembros que tengan en el mismo.

14. c) 2011.

15. c) El vigésimo día posterior a la celebración de las elecciones.

16. a) Orgánica.

17. b) En un concejal.

18. b) Las Comisiones del Pleno.

19. c) La Comisión especial del sugerencias y reclamaciones.

20. b) El Consejo Social de la Ciudad.

21. c) El Consejo Social de la Ciudad.

22. b) El Secretario General del Pleno.

23. c) La aprobación de presupuestos.

24. b) Mayoría absoluta.

25. b) El Pleno.

Competencias y composición de la Junta de Gobierno Local en los municipios de gran población

1. Es el órgano que, bajo la presidencia del Alcalde, colabora de forma colegiada en la función de dirección política que a este corresponde y ejerce las funciones ejecutivas y administrativas que determina la Ley:

a) El Pleno.
b) La Comisión de igualdad.
c) La Junta de Gobierno Local.
d) El Teniente de Alcalde.

2. ¿A quién corresponde nombrar y separar libremente a los miembros de la Junta de Gobierno Local?

a) Al Alcalde.
b) Al Pleno.
c) A las Comisiones del Pleno.
d) Todas las respuestas anteriores son correctas.

3. En la Junta de Gobierno Local:

a) El número de miembros no podrá exceder de un tercio del número legal de miembros del Pleno, además del Alcalde.
b) El número de miembros no podrá exceder de un cuarto del número legal de miembros del Pleno, además del Alcalde.
c) El número de miembros no podrá exceder de a mitad del número legal de miembros del Pleno, además del Alcalde.
d) El número de miembros no podrá exceder del total del número legal de miembros del Pleno, además del Alcalde.

4. El Alcalde podrá nombrar como miembros de la Junta de Gobierno Local:

a) A personas que no ostenten la condición de concejales, siempre que su número no supere un tercio de sus miembros, excluido el Alcalde**.**
b) A personas que no ostenten la condición de concejales, siempre que su número no supere un tercio de sus miembros, incluido el Alcalde.

c) A personas que no ostenten la condición de concejales, siempre que su número no supere un cuarto de sus miembros, excluido el Alcalde.

d) A personas que no ostenten la condición de concejales, siempre que su número no supere un quinto de sus miembros, excluido el Alcalde.

5. Para la válida constitución de la Junta de Gobierno Local se requiere que:

a) Todos los miembros ostenten la condición de concejales.

b) El número de miembros de la Junta de Gobierno Local que ostentan la condición de concejales presentes sea superior al número de aquellos miembros presentes que no ostentan dicha condición.

c) El número de miembros de la Junta de Gobierno Local que ostentan la condición de concejales presentes sea el doble del número de aquellos miembros presentes que no ostentan dicha condición.

d) Todas las respuestas anteriores son incorrectas.

6. Los miembros de la Junta de Gobierno Local:

a) No podrán asistir al Pleno.

b) Podrán asistir a las sesiones del Pleno e intervenir en los debates.

c) Podrán asistir a las sesiones del Pleno, pero no intervenir en los debates.

d) No podrán asistir a las sesiones del Pleno ni intervenir de ninguna forma en los debates.

7. La Junta de Gobierno Local responde políticamente ante:

a) El Alcalde.

b) El Pleno de su gestión de forma solidaria, sin perjuicio de la responsabilidad directa de cada uno de sus miembros por su gestión.

c) El Pleno de su gestión individual, únicamente.

d) Las Consejerías.

8. La Secretaría de la Junta de Gobierno Local corresponderá:

a) A uno de sus miembros que reúna la condición de concejal, designado por el Alcalde.

b) Al Alcalde.

c) Al Pleno.

d) Son correctas las respuestas b) y c).

9. Existirá un órgano de apoyo a la Junta de Gobierno Local y al concejal-secretario de la misma, cuyo titular será nombrado:

a) Entre funcionarios de Administración local con habilitación de carácter nacional.

b) Entre funcionarios de Administración local con habilitación de carácter local.

c) Entre funcionarios de Administración local con habilitación de carácter autonómico.

d) Entre funcionarios de Administración local con habilitación de cualquier nivel geográfico.

10. Es una función de la Junta de Gobierno Local:

a) La asistencia al concejal-secretario de la Junta de Gobierno Local.
b) El archivo y custodia de las convocatorias, órdenes del día y actas de las reuniones.
c) Velar por la correcta y fiel comunicación de sus acuerdos.
d) Todas las respuestas anteriores son correctas.

11. Las deliberaciones de la Junta de Gobierno Local:

a) Deben acabar con acuerdo por mayoría absoluta, en todo caso.
b) Son públicas.
c) Son secretas.
d) Son correctas las respuestas a) y c).

12. Corresponde a la Junta de Gobierno Local:

a) La aprobación de los proyectos de ordenanzas y de los reglamentos, incluidos los orgánicos, con excepción de las normas reguladoras del Pleno y sus comisiones.
b) La aprobación del proyecto de presupuesto.
c) La aprobación de los proyectos de instrumentos de ordenación urbanística cuya aprobación definitiva o provisional corresponda al Pleno.
d) Todas las respuestas anteriores son correctas.

13. Corresponde a la Junta de Gobierno Local:

a) El desarrollo de la gestión económica, autorizar y disponer gastos en materia de su competencia, disponer gastos previamente autorizados por el Pleno, y la gestión del personal.
b) Aprobar la relación de puestos de trabajo, las retribuciones del personal de acuerdo con el presupuesto aprobado por el Pleno, la oferta de empleo público, las bases de las convocatorias de selección y provisión de puestos de trabajo.
c) El nombramiento y el cese de los titulares de los órganos direct vos de la Administración municipal, sin perjuicio de lo dispuesto en la disposición adicional octava para los funcionarios de Administración local con habilitación de carácter nacional.
d) Son correctas todas las respuestas anteriores.

14. La Junta de Gobierno Local podrá delegar en:

a) Los Tenientes de Alcalde.
b) Los demás miembros de la Junta de Gobierno Local.
c) En los coordinadores generales.
d) Todas las respuestas anteriores son correctas.

15. En relación con la asistencia jurídica al Alcalde:

a) No está asegurada en los Ayuntamientos.
b) Existirá un órgano administrativo responsable de la asistencia jurídica al Alcalde.

c) No podrá acudir en defensa del mismo a juicios.
d) Solo podrá asesorar al Alcalde, a ningún órgano más.

16. Redacta las actas de la Junta de Gobierno Local:

a) El Alcalde.
b) El Secretario General.
c) El concejal-secretario designado por el Alcalde.
d) El Interventor.

17. ¿Qué carácter tienen las deliberaciones de la Junta de Gobierno Local?

a) Públicas.
b) Secretas.
c) Mixtas.
d) Abiertas a consulta vecinal.

18. ¿Quién nombra al titular del órgano de apoyo a la Junta de Gobierno Local?

a) El Pleno.
b) El Teniendo de Alcalde.
c) La Junta de Gobierno Local.
d) El Alcalde, de entre funcionarios con habilitación nacional.

19. ¿Qué formación se exige al titular de la asesoría jurídica municipal?

a) Licenciatura o Grado en Ciencias Políticas.
b) Licenciatura o Grado en Derecho.
c) Máster en Administración Pública.
d) Doctorado en Derecho.

20. ¿Qué órgano puede nombrar y cesar al titular de la asesoría jurídica?

a) El Pleno.
b) El Teniendo de Alcalde.
c) La Junta de Gobierno Local.
d) El Consejo Social.

21. ¿Qué órgano aprueba la oferta de empleo público municipal?

a) El Pleno.
b) El Teniendo de Alcalde.
c) La Junta de Gobierno Local.
d) El Consejo Social.

22. ¿Qué órgano presta asistencia jurídica a la Junta de Gobierno Local y a los órganos directivos?

a) El Pleno.
b) El Teniendo de Alcalde.
c) La asesoría jurídica municipal.
d) El Interventor.

23. ¿Qué funciones tiene la asesoría jurídica municipal?

a) El asesoramiento jurídico.
b) La representación y defensa en juicio del Ayuntamiento.
c) Solo funciones de archivo.
d) Las respuestas a) y b) son correctas.

24. ¿Qué condición puede tener el titular de la asesoría jurídica municipal?

a) Funcionario interino.
b) Funcionario de carrera del Estado, Comunidades Autónomas o Entidades Locales.
c) Personal eventual.
d) Miembro del Consejo Social.

25. ¿Qué órgano puede nombrar a los titulares de órganos directivos municipales?

a) El Pleno.
b) El Teniendo de Alcalde.
c) La Junta de Gobierno Local.
d) El Consejo Social.

Solución al test n.º 7

1. c) La Junta de Gobierno Local.

2. a) Al Alcalde.

3. a) El número de miembros no podrá exceder de un tercio del número legal de miembros del Pleno, además del Alcalde.

4. a) A personas que no ostenten la condición de concejales, siempre que su número no supere un tercio de sus miembros, excluido el Alcalde.

5. b) El número de miembros de la Junta de Gobierno Local que ostentan la condición de concejales presentes sea superior al número de aquellos miembros presentes que no ostentan dicha condición.

6. b) Podrán asistir a las sesiones del Pleno e intervenir en los debates.

7. b) El Pleno de su gestión de forma solidaria, sin perjuicio de la responsabilidad directa de cada uno de sus miembros por su gestión.

8. a) A uno de sus miembros que reúna la condición de concejal, designado por el Alcalde.

9. a) Entre funcionarios de Administración local con habilitación de carácter nacional.

10. d) Todas las respuestas anteriores son correctas.

11. c) Son secretas.

12. d) Todas las respuestas anteriores son correctas.

13. d) Son correctas todas las respuestas anteriores.

14. d) Todas las respuestas anteriores son correctas.

15. b) Existirá un órgano administrativo responsable de la asistencia jurídica al Alcalde.

16. c) El concejal-secretario designado por el Alcalde.

17. b) Secretas.

18. d) El Alcalde, de entre funcionarios con habilitación nacional.

19. b) Licenciatura o Grado en Derecho.

20. c) La Junta de Gobierno Local.

21. c) La Junta de Gobierno Local.

22. c) La asesoría jurídica municipal.

23. d) Las respuestas a) y b) son correctas.

24. b) Funcionario de carrera del Estado, Comunidades Autónomas o Entidades Locales.

25. c) La Junta de Gobierno Local.

TEST N.º 8

Derechos y deberes de los funcionarios públicos locales

1. ¿De cuánto tiempo disfrutarán los empleados públicos por traslado de domicilio sin cambio de residencia?

a) De dos días.
b) De un día.
c) De dos horas.
d) De un máximo de seis horas.

2. Señala la respuesta incorrecta respecto de los derechos de los funcionarios públicos:

a) Por razones de guarda legal, cuando el funcionario tenga el cuidado directo de algún menor de doce años, de persona mayor que requiera especial dedicación, o de una persona con discapacidad que no desempeñe actividad retribuida, tendrá derecho a la reducción de su jornada de trabajo, sin disminución de sus retribuciones.
b) Por lactancia de un hijo menor de doce meses, la funcionaria tendrá derecho a una hora de ausencia del trabajo que podrá dividir en dos fracciones.
c) Por nacimiento de hijos prematuros o que por cualquier otra causa deban permanecer hospitalizados a continuación del parto, la funcionaria o el funcionario tendrá derecho a ausentarse del trabajo durante un máximo de dos horas diarias percibiendo las retribuciones íntegras.
d) La funcionaria podrá solicitar la sustitución del tiempo de lactancia por un permiso retribuido que acumule en jornadas completas el tiempo correspondiente.

3. Por ser preciso atender el cuidado de un familiar de primer grado, el funcionario tendrá derecho a solicitar una reducción de:

a) Hasta el cincuenta por ciento de la jornada laboral, con carácter retribuido, por razones de enfermedad grave o muy grave y por el plazo máximo de tres meses.
b) Hasta el setenta por ciento de la jornada laboral, con carácter retribuido, por razones de enfermedad grave o muy grave y por el plazo máximo de un mes.

c) Hasta el cincuenta por ciento de la jornada laboral, con carácter retribuido, por razones de enfermedad muy grave y por el plazo máximo de un mes.

d) Hasta el setenta por ciento de la jornada laboral, con carácter retribuido, por razones de enfermedad muy grave y por el plazo máximo de un mes.

4. No tendrán dedicación exclusiva los miembros de Corporaciones locales de población inferior a:

a) 15.000 habitantes.
b) 10.000 habitantes.
c) 2.500 habitantes.
d) 1.000 habitantes.

5. ¿Qué retribución complementaria está destinada a retribuir las condiciones particulares de algunos puestos de trabajo en atención a su especial dificultad técnica, dedicación, incompatibilidad, responsabilidad, peligrosidad o penosidad?

a) El complemento especial.
b) El complemento específico.
c) El complemento de productividad.
d) El complemento extraordinario.

6. ¿A quién corresponde la asignación individual del complemento de productividad en las Corporaciones Locales?

a) Al Alcalde o Presidente.
b) Al Secretario.
c) Al Interventor.
d) Al Pleno.

7. Los funcionarios que ejerciten el derecho de huelga, por el tiempo en que hayan permanecido en la misma, devengarán y percibirán:

a) Solo las retribuciones básicas prorrateadas.
b) Las retribuciones básicas y los trienios.
c) Todas las retribuciones que le corresponderían si no hubieran ejercido ese derecho.
d) No devengarán ni percibirán retribución alguna.

8. Indica cuál de los siguientes es uno de los derechos de carácter individual de los empleados públicos:

a) A percibir las retribuciones y las indemnizaciones por razón del servicio.
b) Al desempeño efectivo de las funciones o tareas propias de su condición profesional y de acuerdo con la progresión alcanzada en su carrera profesional.
c) A la formación continua y a la actualización permanente de sus conocimientos y capacidades profesionales, preferentemente en horario laboral.
d) Todas las respuestas son correctas.

9. ¿Qué complemento está destinado a retribuir el especial rendimiento, la actividad y dedicación extraordinarias y el interés o iniciativa con que se desempeñen los puestos de trabajo?

a) El complemento de productividad.
b) El complemento específico.
c) El complemento singular.
d) El complemento de dedicación especial.

10. Los funcionarios públicos tendrán derecho a disfrutar, durante cada año natural, de unas vacaciones retribuidas de:

a) Veinte días hábiles, o de los días que correspondan proporcionalmente si el tiempo de servicio durante el año fue menor.
b) Veintidós días hábiles, o de los días que correspondan proporcionalmente si el tiempo de servicio durante el año fue menor.
c) Veintiséis días hábiles, o de los días que correspondan proporcionalmente si el tiempo de servicio durante el año fue menor.
d) Treinta días hábiles, o de los días que correspondan proporcionalmente si el tiempo de servicio durante el año fue menor.

11. ¿Cuántos días hábiles de permiso se concederán en el caso de accidente o enfermedad graves, hospitalización o intervención quirúrgica sin hospitalización que precise de reposo domiciliario del cónyuge, pareja de hecho o parientes hasta el primer grado por consanguinidad o afinidad, así como de cualquier otra persona distinta de las anteriores que conviva con el funcionario o funcionaria en el mismo domicilio y que requiera el cuidado efectivo de aquella?

a) Tres días.
b) Cuatro días.
c) Cinco días.
d) Seis días.

12. ¿De cuántos días al año, con carácter general, podrá disponer el funcionario de permiso para asuntos personales sin justificación?

a) De hasta 6 días al año.
b) De hasta 7 días al año.
c) De hasta 8 días al año.
d) De hasta 9 días al año.

13. Por razón de matrimonio o constitución formalizada por documento público de pareja de hecho, los funcionarios tendrán derecho a una licencia de:

a) Diez días.
b) Un mes.

c) Quince días.
d) Veinte días.

14. Por nacimiento de hijos prematuros o que por cualquier otra causa deban permanecer hospitalizados a continuación del parto, la funcionaria o el funcionario tendrá derecho a ausentarse del trabajo durante:

a) Un máximo de una hora diaria percibiendo las retribuciones íntegras.
b) Un máximo de 2 horas diarias percibiendo las retribuciones íntegras.
c) Un máximo de 2,5 horas diarias percibiendo las retribuciones íntegras.
d) Un máximo de 3 horas diarias percibiendo las retribuciones íntegras.

15. Por muerte de un tío carnal, teniendo en cuenta que es familiar dentro del tercer grado, se tiene derecho al siguiente permiso:

a) Dos días si es en la misma localidad.
b) Cuatro días si es en distinta localidad.
c) Ningún día.
d) Las respuestas a) y b) son correctas.

16. La disminución de la jornada por cuidado directo de un menor de seis años:

a) Puede equivaler a un tercio o un medio.
b) No implica reducción de retribuciones.
c) Comporta exclusivamente la reducción de las retribuciones complementarias.
d) Nada de lo anterior es cierto.

17. La observancia de las normas sobre seguridad y salud laboral:

a) Es un principio ético de los empleados públicos.
b) Se ajustará a lo que indiquen los representantes de los trabajadores.
c) Se establece solo para los puestos de trabajo cuyo desempeño suponga riesgos inequívocos.
d) Es obligatoria para todos los empleados públicos.

18. Los trienios se cobran:

a) En igual cuantía dentro de cada Subgrupo o Grupo de clasificación profesional, en el supuesto de que este no tenga Subgrupo.
b) En concepto de retribución complementaria.
c) Solo mensualmente, sin percibirse en las pagas extraordinarias.
d) Ninguna de las respuestas anteriores es correcta.

19. En las pagas extraordinarias se percibe:

a) El sueldo y el complemento de destino solamente.
b) Todas las retribuciones.

c) Las retribuciones básicas en exclusiva.
d) Nada de lo expuesto es correcto.

20. La participación en las multas impuestas por un funcionario, cuando esté normativamente atribuida a los servicios:

a) Está expresamente prohibida.
b) No está sujeta a retención fiscal.
c) Se permite excepcionalmente, con arreglo a dicha normativa.
d) Es la regla general y forma parte de las retribuciones complementarias.

21. Las retribuciones básicas de los funcionarios se fijan y se recogen por el/la/las:

a) Leyes de Presupuestos de cada Comunidad Autónoma.
b) Presupuesto de cada Corporación Local.
c) Ley de Presupuestos Generales del Estado.
d) Todas las respuestas anteriores son correctas.

22. Señala la respuesta incorrecta. Las retribuciones complementarias de los funcionarios se establecerán por las correspondientes leyes de cada Administración Pública atendiendo, entre otros, a los siguientes factores:

a) La especial dificultad técnica, responsabilidad, dedicación, incompatibilidad exigible para el desempeño de determinados puestos de trabajo.
b) Los servicios extraordinarios prestados en la jornada normal de trabajo.
c) La progresión alcanzada por el funcionario dentro del sistema de carrera administrativa.
d) El grado de interés, iniciativa o esfuerzo con que el funcionario desempeña su trabajo.

23. La asistencia sanitaria de los funcionarios locales corresponde en la actualidad a la:

a) Sanidad privada.
b) Seguridad Social.
c) Mutualidad Nacional de Previsión de la Administración Local.
d) Cualquiera de las anteriores.

24. ¿Cuál es la duración del permiso por nacimiento para la madre biológica?

a) 16 semanas.
b) 19 semanas.
c) 20 semanas.
d) 22 semanas.

25. En el supuesto de monoparentalidad, el permiso por nacimiento de la madre biológica será de:

a) 24 semanas.
b) 28 semanas.

c) 32 semanas.
d) 34 semanas.

26. En caso de parto prematuro con hospitalización del neonato, ¿cuál es la ampliación máxima del permiso por nacimiento para la madre biológica?

a) 8 semanas.
b) 10 semanas.
c) 13 semanas.
d) 15 semanas.

27. Si fallece el hijo o hija, ¿qué ocurre con el permiso de la madre biológica?

a) Se extingue inmediatamente.
b) Se reduce a la mitad.
c) Se sustituye por baja por duelo.
d) No se reduce.

28. En caso de discapacidad del hijo o hija, ¿cuánto se amplía el permiso para cada progenitor?

a) 1 semana.
b) 2 semanas.
c) 3 semanas.
d) 4 semanas.

29. En un parto múltiple, a partir del segundo hijo se amplía el permiso por nacimiento para la madre biológica:

a) Una semana para cada progenitor.
b) Dos semanas solo para la madre.
c) Tres semanas para ambos progenitores.
d) No hay ampliación.

30. ¿Cuántas semanas del permiso por nacimiento para la madre biológica son obligatorias e ininterrumpidas para la madre tras el parto?

a) 4 semanas.
b) 6 semanas.
c) 8 semanas.
d) 10 semanas.

31. ¿Hasta qué edad del hijo puede disfrutarse la parte adicional de 2 semanas (o 4 en monoparentalidad) del permiso por nacimiento para la madre biológica?

a) Hasta los 6 años.
b) Hasta los 8 años.

c) Hasta los 10 años.
d) Hasta los 12 años.

32. ¿Cuál es el preaviso mínimo para cada período de disfrute, en caso de disfrute interrumpido del permiso por nacimiento para la madre biológica?

a) 7 días.
b) 10 días.
c) 15 días.
d) 20 días.

33. ¿En qué casos puede la Administración aplazar el disfrute de las dos últimas semanas (cuatro en el caso de monoparentalidad) del permiso por nacimiento para la madre biológica solicitado?

a) Siempre que lo desee.
b) Solo si hay causa justificada y se ofrece alternativa flexible.
c) Nunca.
d) Únicamente si lo aprueba el superior jerárquico.

34. El término "madre biológica" incluye también a:

a) Personas adoptantes.
b) Madres subrogadas.
c) Madres de acogida.
d) Personas trans gestantes.

35. ¿Qué duración tiene el permiso por adopción, guarda con fines de adopción o acogimiento para cada adoptante, guardador o acogedor?

a) 16 semanas.
b) 18 semanas.
c) 19 semanas.
d) 20 semanas.

36. En adopción monoparental, el permiso será de:

a) 24 semanas.
b) 28 semanas.
c) 32 semanas.
d) 36 semanas.

37. En casos de adopción internacional, ¿qué permiso adicional puede disfrutarse?

a) 1 mes con retribuciones íntegras.
b) 2 meses con retribuciones básicas.
c) 3 meses sin sueldo.
d) 4 meses con reducción de jornada.

38. ¿Con cuánta antelación puede iniciarse el permiso en adopción o acogimiento internacional?

a) Hasta 2 semanas antes.
b) Hasta 3 semanas antes.
c) Hasta 4 semanas antes.
d) No puede adelantarse.

39. ¿Cuál es la duración del permiso del progenitor diferente de la madre biológica?

a) 16 semanas.
b) 18 semanas.
c) 19 semanas.
d) 20 semanas.

40. En caso de fallecimiento de la madre, ¿qué ocurre con el permiso restante?

a) Lo pierde el otro progenitor.
b) Lo disfruta el otro progenitor.
c) Se reduce a la mitad.
d) Se sustituye por baja por duelo.

41. ¿Cuántas semanas de permiso son obligatorias para el progenitor diferente tras nacimiento o adopción?

a) 4 semanas.
b) 5 semanas.
c) 6 semanas.
d) 7 semanas.

42. ¿Hasta qué edad puede disfrutarse la parte adicional de 2 semanas (o 4 en monoparentalidad) en el permiso del progenitor diferente de la madre biológica por nacimiento, guarda con fines de adopción, acogimiento o adopción de un hijo o hija?

a) 6 años.
b) 8 años.
c) 10 años.
d) 12 años.

43. ¿Qué requisito se exige para disfrute interrumpido del permiso del progenitor diferente de la madre biológica por nacimiento, guarda con fines de adopción, acogimiento o adopción de un hijo o hija?

a) Preaviso de al menos 7 días para cada período de disfrute.
b) Preaviso de al menos 15 días para cada período de disfrute.

c) Preaviso de al menos 20 días para cada período de disfrute.
d) Autorización del superior inmediato.

44. ¿En qué casos puede acumularse el permiso de lactancia con el de nacimiento del progenitor distinto de la madre biológica?

a) Si lo aprueba la Inspección.
b) Si se solicita tras la semana 16 del permiso.
c) Nunca.
d) Solo en supuestos de parto múltiple.

45. Durante el disfrute de estos permisos, ¿qué derecho se garantiza a los funcionarios?

a) Solo parte de las retribuciones.
b) Únicamente las pagas extras.
c) Retribución reducida al 50%.
d) Plenitud de derechos económicos.

46. El tiempo de disfrute de estos permisos, ¿cómo se computa?

a) No se computa como servicio.
b) Solo se computa a efectos de antigüedad.
c) Como servicio efectivo a todos los efectos.
d) Únicamente para trienios.

47. Una vez finalizado el permiso por nacimiento, adopción, guarda con fines de adopción o acogimiento, tanto temporal como permanente, ¿qué derecho tienen los funcionarios?

a) Reingreso con reducción de jornada.
b) Reingreso solo en vacante.
c) Reingreso condicionado a disponibilidad.
d) Reingreso en condiciones no menos favorables.

48. ¿Durante el disfrute de los permisos por nacimiento, adopción, guarda con fines de adopción o acogimiento, tanto temporal como permanente, es posible participar en cursos de formación convocados por la Administración?

a) No, en ningún caso.
b) Sí, pero solo presenciales.
c) Sí, una vez finalizado el descanso obligatorio.
d) Solo si se trata de formación online.

Solución al test n.º 8

1. b) De un día.

2. a) Por razones de guarda legal, cuando el funcionario tenga el cuidado directo de algún menor de doce años, de persona mayor que requiera especial dedicación, o de una persona con discapacidad que no desempeñe actividad retribuida, tendrá derecho a la reducción de su jornada de trabajo, sin disminución de sus retribuciones.

3. c) Hasta el cincuenta por ciento de la jornada laboral, con carácter retribuido, por razones de enfermedad muy grave y por el plazo máximo de un mes.

4. d) 1.000 habitantes.

5. b) El complemento específico.

6. a) Al Alcalde o Presidente.

7. d) No devengarán ni percibirán retribución alguna.

8. d) Todas las respuestas son correctas.

9. a) El complemento de productividad.

10. b) Veintidós días hábiles, o de los días que correspondan proporcionalmente si el tiempo de servicio durante el año fue menor

11. c) Cinco días.

12. a) De hasta 6 días al año.

13. c) Quince días.

14. b) Un máximo de 2 horas diarias percibiendo las retribuciones íntegras.

15. c) Ningún día.

16. d) Nada de lo anterior es cierto.

17. d) Es obligatoria para todos los empleados públicos.

18. a) En igual cuantía dentro de cada Subgrupo o Grupo de clasificación profesional, en el supuesto de que este no tenga Subgrupo.

19. d) Nada de lo expuesto es correcto.

20. a) Está expresamente prohibida.

21. d) Todas las respuestas anteriores son correctas.

22. b) Los servicios extraordinarios prestados en la jornada normal de trabajo.

23. b) Seguridad Social

24. b) 19 semanas.

25. c) 32 semanas.

26. c) 13 semanas.

27. d) No se reduce.

28. b) 2 semanas.

29. a) Una semana para cada progenitor.

30. b) 6 semanas.

31. b) Hasta los 8 años.

32. c) 15 días.

33. b) Solo si hay causa justificada y se ofrece alternativa flexible.

34. d) Personas trans gestantes.

35. c) 19 semanas.

36. c) 32 semanas.

37. b) 2 meses con retribuciones básicas.

38. c) Hasta 4 semanas antes.

39. c) 19 semanas.

40. b) Lo disfruta el otro progenitor.

41. c) 6 semanas.

42. b) 8 años.

43. b) Preaviso de al menos 15 días para cada período de disfrute.

44. b) Si se solicita tras la semana 16 del permiso.

45. d) Plenitud de derechos económicos.

46. c) Como servicio efectivo a todos los efectos.

47. d) Reingreso en condiciones no menos favorables.

48. c) Sí, una vez finalizado el descanso obligatorio.

TEST N.º 9

Régimen disciplinario de los funcionarios de la Administración Local

1. A tenor del artículo 95 TR-LEBEP, el incumplimiento por los funcionarios de las normas sobre incompatibilidades cuando ello dé lugar a una situación de incompatibilidad, podrá ser constitutivo de falta:

a) Muy grave.
b) Grave.
c) Menos grave.
d) Leve.

2. Conforme al art. 96 TR-LEBEP, por razón de faltas cometidas podrán imponerse la siguiente sanción:

a) Suspensión firme de funciones, o de empleo y sueldo en el caso del personal laboral, con una duración máxima de 5 años.
b) Despido disciplinario del personal laboral, que solo podrá sancionar la comisión de faltas muy graves o graves y comportará la inhabilitación para ser titular de un nuevo contrato de trabajo con funciones similares a las que desempeñaban.
c) Separación del servicio de los funcionarios, que en el caso de los funcionarios interinos comportará la revocación de su nombramiento, y que solo podrá sancionar la comisión de faltas muy graves o graves.
d) Demérito, que consistirá en la penalización a efectos de carrera, promoción o movilidad voluntaria.

3. Salvo en caso de paralización del procedimiento imputable al interesado, la suspensión provisional como medida cautelar en la tramitación de un expediente disciplinario no podrá exceder de:

a) Un año.
b) 9 meses.
c) 6 meses.
d) 3 meses.

4. ¿Cuándo prescriben las sanciones impuestas por faltas leves?

a) A los dos años.
b) Al año.
c) A los seis meses.
d) Al mes.

5. ¿Cuándo prescriben las sanciones impuestas por faltas graves?

a) A los seis años.
b) A los cinco años.
c) A los tres años.
d) A los dos años.

6. ¿Cuál es la duración máxima de la sanción de suspensión de funciones por faltas muy graves?

a) Diez años.
b) Seis años.
c) Cinco años.
d) Cuatro años.

7. ¿Cuál es la duración máxima de la sanción de suspensión de funciones por faltas graves?

a) Cinco años.
b) Tres años.
c) Dos años.
d) Un año.

8. El incumplimiento de la obligación de atender los servicios esenciales en caso de huelga es constitutivo de:

a) Falta muy grave.
b) Falta grave.
c) Falta leve.
d) Un derecho.

9. El abandono del servicio da lugar a:

a) Sanción pecuniaria.
b) Falta muy grave.
c) Falta grave.
d) Falta leve.

10. Por su parte, el acoso laboral se tipifica como:

a) Falta muy grave.
b) Falta grave.
c) Falta leve.
d) No está tipificada.

11. El descrédito para la imagen pública de la Administración Pública es una circunstancia que debe ser atendida para determinar las faltas:

a) Muy graves.
b) Graves.
c) Leves.
d) Las respuestas b) y c) son correctas.

12. La responsabilidad de los funcionarios que induzcan a otros a cometer una falta:

a) Es similar a la exigible a estos.
b) Se minora en un grado.
c) Se castiga con una sanción superior en grado.
d) Es inexistente.

13. La suspensión firme de funciones no puede ser superior a:

a) Tres meses.
b) Tres años.
c) Un año.
d) Seis años.

14. En el caso de separación del servicio de un funcionario interino:

a) Podrá ser rehabilitado en el futuro.
b) No es necesaria la motivación del acto.
c) Permanece en activo hasta que se cubra la vacante que venía desempeñando.
d) Se revoca su nombramiento.

15. La prescripción de las faltas graves se produce a los:

a) Seis meses.
b) Dos meses.
c) Seis años.
d) Dos años.

16. La separación del servicio en un Municipio de gran población se acuerda por el/la:

a) Sindicato mayoritario.
b) Presidente de la Corporación.

c) Pleno de la Corporación.
d) Junta de Gobierno Local.

17. En la corrección de una falta leve, un trámite inexcusable es:

a) La previa audiencia al inculpado.
b) Incoar diligencias preliminares.
c) Incoar expediente disciplinario ordinario.
d) Ninguno de los anteriores.

18. El funcionario suspendido provisionalmente cobra en esta situación:

a) Todas sus retribuciones.
b) Las retribuciones básicas y, en su caso, las prestaciones familiares por hijo a cargo.
c) Solo las retribuciones complementarias.
d) Ninguna de las respuestas anteriores es correcta.

19. ¿Cuándo prescriben las sanciones impuestas por faltas leves?

a) A los dos años.
b) Al año.
c) A los seis meses.
d) Al mes.

20. Señala la respuesta incorrecta:

a) Los funcionarios que indujeren a otros a la comisión de actos o conductas constitutivos de falta disciplinaria, incurriendo en la misma responsabilidad que estos.
b) La imposición de sanciones por faltas leves se llevará a cabo por procedimiento sumario sin necesidad de audiencia al interesado.
c) El tiempo de permanencia en suspensión provisional será de abono para el cumplimiento de la suspensión firme.
d) El alcance de cada sanción se establecerá teniendo en cuenta el grado de intencionalidad, descuido o negligencia que se revele en la conducta, el daño al interés público, la reiteración o reincidencia, así como el grado de participación.

21. ¿Cuándo prescriben las infracciones leves?

a) Al mes.
b) A los seis meses.
c) Al año.
d) A los dos años.

22. ¿A quién corresponde imponer la sanción que recaiga por falta muy grave, tipificada en la normativa básica estatal?

a) Al Presidente del Gobierno.
b) Al Consejo de Ministros.

c) Al Ministro para la Transformación Digital y de la Función Pública.
d) Al Secretario de Estado de Administraciones Públicas.

23. ¿Qué tipo de falta disciplinaria cometerán los funcionarios públicos o el personal laboral que adopten acuerdos manifiestamente ilegales que causen perjuicio grave a la Administración?

a) Falta muy grave.
b) Falta grave.
c) Falta leve.
d) No cometerán ningún tipo de falta salvo que los acuerdos causaran un perjuicio a los administrados.

24. El acoso laboral por parte de los funcionarios públicos o el personal laboral será constitutivo de infracción disciplinaria:

a) Muy grave.
b) Grave.
c) Menos grave.
d) Leve.

25. ¿Cuándo prescribirán las infracciones disciplinarias muy graves a tenor de lo dispuesto en el art. 97 del Real Decreto Legislativo 5/2015, de 30 de octubre, por el que se aprueba el texto refundido de la Ley del Estatuto Básico del Empleado Público?

a) A los cinco años.
b) A los tres años.
c) A los dos años.
d) Al año.

26. La incomparecencia injustificada en las Comisiones de Investigación de las Cortes Generales será constitutiva de infracción disciplinaria:

a) Muy grave.
b) Grave.
c) Menos grave.
d) Solo será constitutiva de infracción disciplinaria muy grave la incomparecencia injustificada en las Comisiones de Investigación de las asambleas legislativas de las comunidades autónomas.

27. ¿Cuándo prescriben las sanciones disciplinarias impuestas por faltas muy graves al Real Decreto Legislativo 5/2015, de 30 de octubre, por el que se aprueba el texto refundido de la Ley del Estatuto Básico del Empleado Público?

a) A los cinco años.
b) A los diez años.
c) A los tres años.
d) A los dos años.

28. ¿Cuándo comenzará a contarse el plazo de prescripción de las faltas disciplinarias cuando se trate de faltas continuadas?

a) Desde el día de comisión de la primera falta.
b) Desde el cese de su comisión.
c) Desde el día siguiente en que se hubiese cometido la última falta disciplinaria.
d) Desde el día en que se hubiera cometido la infracción disciplinaria más grave.

29. ¿La imposición de qué tipo de sanciones se llevará a cabo por procedimiento sumario con audiencia al interesado?

a) La imposición de sanciones por faltas muy graves.
b) La imposición de sanciones por faltas graves.
c) La imposición de sanciones por faltas leves.
d) La imposición de sanciones por faltas muy graves y graves.

30. El incumplimiento de la obligación de atender los servicios esenciales en caso de huelga por parte de los funcionarios públicos o el personal laboral será constitutivo de infracción disciplinaria:

a) Muy grave.
b) Grave.
c) Menos grave.
d) Leve.

31. ¿Quién establece cuáles serán las faltas graves del personal laboral?

a) La asamblea legislativa de la correspondiente comunidad autónoma.
b) Las Cortes Generales mediante ley.
c) Por medio de los convenios colectivos.
d) La persona titular del Ministerio competente en materia de función pública, vía reglamento.

32. La sanción de despido disciplinario del personal laboral solo podrá sancionar la comisión de faltas:

a) Muy graves.
b) Graves.
c) Muy graves y graves.
d) Leves.

33. La suspensión firme de funciones, o de empleo y sueldo en el caso del personal laboral, tendrá una duración máxima de:

a) 10 años.
b) 7 años.

c) 6 años.
d) 5 años.

34. Procederá la readmisión del personal laboral fijo cuando sea declarado improcedente el despido acordado como consecuencia de la incoación de un expediente disciplinario por la comisión de una falta:

a) Muy grave.
b) Grave.
c) Muy grave o grave.
d) Leve.

35. ¿Qué tipo de falta disciplinaria cometerán los funcionarios públicos o el personal laboral que acosen moral, sexualmente o por razón de sexo?

a) Falta muy grave.
b) Falta grave.
c) Falta leve.
d) No cometerán ningún tipo de falta sino delito.

36. Salvo en caso de paralización del procedimiento imputable al interesado, la suspensión provisional como medida cautelar en la tramitación de un expediente disciplinario no podrá exceder de:

a) Dos años.
b) Doce meses.
c) Seis meses.
d) Tres meses.

37. ¿Cuándo prescriben las sanciones disciplinarias impuestas por faltas graves al Real Decreto Legislativo 5/2015, de 30 de octubre, por el que se aprueba el texto refundido de la Ley del Estatuto Básico del Empleado Público?

a) A los cinco años.
b) A los cuatro años.
c) A los tres años.
d) A los dos años.

38. La sanción de separación del servicio de los funcionarios, que en el caso de los funcionarios interinos comportará la revocación de su nombramiento, solo podrá sancionar la comisión de faltas:

a) Muy graves.
b) Graves.
c) Leves.
d) Muy graves y determinadas faltas graves.

39. El incumplimiento de las normas sobre incompatibilidades de los funcionarios públicos o del personal laboral cuando ello dé lugar a una situación de incompatibilidad, será constitutivo de una infracción disciplinaria de carácter:

a) Muy grave.
b) Grave.
c) Leve.
d) Menos grave.

40. ¿Cuándo prescriben las sanciones disciplinarias impuestas por faltas leves al Real Decreto Legislativo 5/2015, de 30 de octubre, por el que se aprueba el texto refundido de la Ley del Estatuto Básico del Empleado Público?

a) A los dos años.
b) Al año.
c) A los seis meses.
d) A los tres meses.

41. Señala cuál de los siguientes no es uno de los principios por los que se estructurará el procedimiento disciplinario que se establezca en el desarrollo del Estatuto Básico del Empleado Público:

a) Economía procesal.
b) Eficacia.
c) Celeridad.
d) Igualdad.

42. ¿Cuándo prescriben las infracciones disciplinarias impuestas por faltas muy leves al Real Decreto Legislativo 5/2015, de 30 de octubre, por el que se aprueba el texto refundido de la Ley del Estatuto Básico del Empleado Público?

a) A los dos años.
b) Al año.
c) A los seis meses.
d) A los tres meses.

43. Cuando de la instrucción de un procedimiento disciplinario resulte la existencia de indicios fundados de criminalidad, se suspenderá su tramitación poniéndolo en conocimiento de:

a) El Juzgado de Guardia.
b) Las Fuerzas y Cuerpos de Seguridad.
c) El Ministro competente en materia de función pública.
d) El Ministerio Fiscal.

44. El incumplimiento del deber de respeto a la Constitución por parte de los funcionarios públicos o del personal laboral, será objeto de infracción disciplinaria de carácter:

a) Falta muy grave.
b) Falta grave.
c) Falta leve.
d) Falta menos grave.

45. ¿Qué tipo de sanción disciplinaria consiste en la penalización a efectos de carrera, promoción o movilidad voluntaria?

a) El apercibimiento.
b) El demérito.
c) La amonestación.
d) El traslado forzoso.

46. ¿Cuándo comenzará a contarse el plazo de prescripción de las sanciones?

a) Desde la firmeza de la resolución sancionadora.
b) Desde que se hubieran cometido.
c) Desde el cese de su comisión.
d) Desde el día siguiente en que se hubiesen cometido.

47. La realización de actos encaminados a coartar el libre ejercicio del derecho de huelga, podrá ser constitutivo de infracción disciplinaria:

a) Muy grave.
b) Grave.
c) Menos grave.
d) Leve.

48. Señala la respuesta incorrecta respecto a la suspensión provisional:

a) Cuando la suspensión provisional se eleve a definitiva, el funcionario deberá devolver lo percibido durante el tiempo de duración de aquella.
b) El funcionario suspenso provisional tendrá derecho a percibir durante la suspensión únicamente las retribuciones básicas.
c) El tiempo de permanencia en suspensión provisional será de abono para el cumplimiento de la suspensión firme.
d) Si la suspensión provisional no llegara a convertirse en sanción definitiva, la Administración deberá restituir al funcionario la diferencia entre los haberes realmente percibidos y los que hubiera debido percibir si se hubiera encontrado con plenitud de derechos.

49. La prevalencia de la condición de empleado público para obtener un beneficio indebido para sí o para otro constituye una falta disciplinaria:

a) Muy grave.
b) Grave.
c) Menos grave.
d) Leve.

50. Salvo que constituyan infracción manifiesta del Ordenamiento jurídico, la desobediencia abierta a las órdenes o instrucciones de un superior, supone una falta disciplinaria de carácter:

a) Muy grave.
b) Grave.
c) Menos grave.
d) Leve.

51. ¿Cuál de las siguientes no es una de las circunstancias que se tendrán en cuenta por las Cortes Generales o las asambleas legislativas de las correspondientes comunidades autónomas o por los convenios colectivos en el caso de personal laboral para establecer por ley las faltas graves?

a) El descrédito para la imagen pública de la Administración.
b) La gravedad de los daños causados al interés público, patrimonio o bienes de la Administración o de los ciudadanos.
c) El grado en que se haya vulnerado la legalidad.
d) La repercusión social que haya podido generar la infracción cometida.

52. El notorio incumplimiento de las funciones esenciales inherentes al puesto de trabajo o funciones encomendadas supone la comisión de una falta disciplinaria de carácter:

a) Muy grave.
b) Grave.
c) Menos grave.
d) Leve.

53. La potestad disciplinaria se ejercerá de acuerdo con el siguiente principio:

a) Igualdad.
b) Publicidad.
c) Culpabilidad.
d) Retroactividad.

54. No hacerse cargo voluntariamente de las tareas o funciones que tienen encomendadas, a tenor del art. 95.2 del Real Decreto Legislativo 5/2015, de 30 de octubre, por el que se aprueba el texto refundido de la Ley del Estatuto Básico del Empleado Público, será falta disciplinaria:

a) No es falta disciplinaria salvo que haya abandono del servicio.
b) Muy grave.
c) Grave.
d) Leve.

55. El alcance de cada sanción se establecerá teniendo en cuenta:

a) La repercusión del acto.
b) El daño al interés público.
c) La antigüedad del autor del hecho.
d) La hoja de servicios del autor.

56. Señala la respuesta incorrecta respecto al procedimiento disciplinario y medidas provisionales:

a) En el procedimiento no habrá distinción entre la fase instructora y la sancionadora, encomendándose al mismo órgano.
b) Cuando así esté previsto en las normas que regulen los procedimientos sancionadores, se podrá adoptar mediante resolución motivada medidas de carácter provisional que aseguren la eficacia de la resolución final que pudiera recaer.
c) No podrá imponerse sanción por la comisión de faltas muy graves o graves sino mediante el procedimiento previamente establecido.
d) La suspensión provisional podrá acordarse durante la tramitación de un procedimiento judicial, y se mantendrá por el tiempo a que se extienda la prisión provisional u otras medidas decretadas por el juez que determinen la imposibilidad de desempeñar el puesto de trabajo.

57. La obstaculización al ejercicio de las libertades públicas y derechos sindicales, a tenor del art. 95.2 del Real Decreto Legislativo 5/2015, de 30 de octubre, es una falta disciplinaria:

a) Leve.
b) Menos grave.
c) Grave.
d) Muy grave.

58. ¿Qué tipo de falta disciplinaria cometerán los funcionarios públicos o el personal laboral que violen la imparcialidad, utilizando las facultades atribuidas para influir en procesos electorales de cualquier naturaleza y ámbito?

a) Falta muy grave.
b) Falta grave.

c) Falta leve.
d) No cometerán ningún tipo de falta sino delito.

59. La negligencia por los funcionarios públicos o el personal laboral en la custodia de secretos oficiales, declarados así por ley o clasificados como tales, que sea causa de su publicación o que provoque su difusión o conocimiento indebido, supondrá una infracción disciplinaria:

a) Leve.
b) Menos grave.
c) Grave.
d) Muy grave.

60. ¿Qué tipo de falta disciplinaria cometerán los funcionarios públicos o el personal laboral que publiquen o utilicen indebidamente la documentación o información que tengan o hayan tenido acceso por razón de su cargo o función?

a) Ninguna.
b) Es un delito no una infracción disciplinaria.
c) Grave.
d) Muy grave.

61. Toda actuación que suponga discriminación por razón de origen racial o étnico, religión o convicciones, discapacidad, edad, orientación sexual, identidad sexual, características sexuales, lengua, opinión, lugar de nacimiento o vecindad, sexo o cualquier otra condición o circunstancia personal o social, así como el acoso por razón de sexo, origen racial o étnico, religión o convicciones, discapacidad, edad, orientación sexual, expresión de género, características sexuales, y el acoso moral y sexual, a tenor del Real Decreto Legislativo 5/2015, de 30 de octubre, por el que se aprueba el texto refundido de la Ley del Estatuto Básico del Empleado Público, será una falta disciplinaria:

a) Leve.
b) Menos grave.
c) Grave.
d) Muy grave.

62. ¿Cuándo prescriben las infracciones disciplinarias graves según lo dispuesto en el art. 97 del Real Decreto Legislativo 5/2015, de 30 de octubre, por el que se aprueba el texto refundido de la Ley del Estatuto Básico del Empleado Público?

a) A los cinco años.
b) A los tres años.
c) A los dos años.
d) Al año.

Solución al test n.º 9

1. a) Muy grave.

2. d) Demérito, que consistirá en la penalización a efectos de carrera, promoción o movilidad voluntaria.

3. c) 6 meses.

4. b) Al año.

5. d) A los dos años.

6. b) Seis años.

7. b) Tres años

8. a) Falta muy grave.

9. b) Falta muy grave.

10. a) Falta muy grave.

11. d) Las respuestas b) y c) son correctas.

12. a) Es similar a la exigible a estos.

13. d) Seis años.

14. d) Se revoca su nombramiento.

15. d) Dos años.

16. d) Junta de Gobierno Local.

17. a) La previa audiencia al inculpado.

18. b) Las retribuciones básicas y, en su caso, las prestaciones familiares por hijo a cargo.

19. b) Al año.

20. b) La imposición de sanciones por faltas leves se llevará a cabo por procedimiento sumario sin necesidad de audiencia al interesado.

21. b) A los seis meses.

22. c) Al Ministro para la Transformación Digital y de la Función Pública.

23. a) Falta muy grave.

24. a) Muy grave.

25. b) A los tres años.

26. a) Muy grave.

27. c) A los tres años.

28. b) Desde el cese de su comisión.

29. c) La imposición de sanciones por faltas leves.

30. a) Muy grave.

31. c) Por medio de los convenios colectivos.

32. a) Muy graves.

33. c) 6 años.

34. a) Muy grave.

35. a) Falta muy grave.

36. c) Seis meses.

37. d) A los dos años.

38. a) Muy graves.

39. a) Muy grave.

40. b) Al año.

41. d) Igualdad.

42. c) A los seis meses.

43. d) El Ministerio Fiscal.

44. a) Falta muy grave.

45. b) El demérito.

46. a) Desde la firmeza de la resolución sancionadora.

47. a) Muy grave.

48. b) El funcionario suspenso provisional tendrá derecho a percibir durante la suspensión únicamente las retribuciones básicas.

49. a) Muy grave.

50. a) Muy grave.

51. d) La repercusión social que haya podido generar la infracción cometida.

52. a) Muy grave.

53. c) Culpabilidad.

54. b) Muy grave.

55. b) El daño al interés público.

56. a) En el procedimiento no habrá distinción entre la fase instructora y la sancionadora, encomendándose al mismo órgano.

57. d) Muy grave.

58. a) Falta muy grave.

59. d) Muy grave.

60. d) Muy grave.

61. d) Muy grave.

62. c) A los dos años.

Medidas de Igualdad en el empleo para la Administración, según la Ley Orgánica 3/2007, de 22 de marzo, para la igualdad efectiva de mujeres y hombres

1. La ley que regula a nivel estatal la igualdad efectiva de mujeres y hombres, es:

a) La Ley 3/2007, de 12 de marzo.
b) La Ley orgánica 22/2007, de 3 de abril.
c) La Ley orgánica 3/2007, de 22 de marzo.
d) El Decreto Legislativo 7/2003, de 23 de mayo.

2. ¿Qué título de la L.O. 3/2007, de 22 de marzo, para la igualdad efectiva de mujeres y hombres, trata sobre el principio de igualdad en el empleo público?

a) Título II.
b) Título IV.
c) Título V.
d) Título VI.

3. Según su artículo 1, la LO 3/2007 tiene por objeto hacer efectivo el derecho de:

a) Conciliación de la vida laboral y familiar de mujeres y hombres.
b) Igualdad de trato y de oportunidades entre mujeres y hombres.
c) Participación en los asuntos públicos en igualdad de condiciones.
d) No discriminación por razón de sexo.

4. Las obligaciones establecidas en la LO 3/2007 son de aplicación a:

a) A toda persona, física o jurídica, que se encuentre o actúe en territorio español, cualquiera que fuese su nacionalidad, domicilio o residencia.
b) A todos los ciudadanos españoles, ya sea en territorio español o territorio de cualquier país extranjero.

c) A toda persona, física o jurídica, que se encuentre o actúe en territorio español, con nacionalidad española.

d) A toda persona, física o jurídica, que resida en territorio español, cualquiera que fuese su nacionalidad.

5. Según el artículo 4 de la LO 3/2007, la igualdad de trato y de oportunidades entre mujeres y hombres:

a) Es un deber de las Administraciones Públicas.
b) Es una fuente formal del Derecho.
c) Es un principio informador del ordenamiento jurídico.
d) Es un objetivo fundamental del procedimiento administrativo.

6. La situación en que se encuentra una persona que sea, haya sido o pudiera ser tratada, en atención a su sexo, de manera menos favorable que otra en situación comparable, se considera:

a) Discriminación directa.
b) Acoso sexual.
c) Discriminación indirecta.
d) Violencia de género.

7. A los efectos de la LO 3/2007, definimos como acoso sexual:

a) Cualquier comportamiento realizado en función del sexo de una persona, con el propósito o el efecto de atentar contra su dignidad y de crear un entorno intimidatorio, degradante u ofensivo.

b) La situación en que una disposición, criterio o práctica aparentemente neutros pone a personas de un sexo en desventaja particular con respecto a personas del otro, salvo que dicha disposición, criterio o práctica puedan justificarse objetivamente en atención a una finalidad legítima y que los medios para alcanzar dicha finalidad sean necesarios y adecuados.

c) Todo trato desfavorable a las mujeres relacionado con el embarazo o la maternidad.

d) Cualquier comportamiento, verbal o físico, de naturaleza sexual que tenga el propósito o produzca el efecto de atentar contra la dignidad de una persona, en particular cuando se crea un entorno intimidatorio, degradante u ofensivo.

8. Según el artículo 8 de la LO 3/2007, todo trato desfavorable a las mujeres relacionado con el embarazo o la maternidad constituye:

a) Acoso sexual.
b) Acoso por razón de sexo.
c) Discriminación directa por razón de sexo.
d) Discriminación indirecta por razón de sexo.

9. Cualquier comportamiento realizado en función del sexo de una persona, con el propósito o el efecto de atentar contra su dignidad y de crear un entorno intimidatorio, degradante u ofensivo, constituye:

a) Discriminación directa.
b) Acoso sexual.
c) Acoso por razón de sexo.
d) Discriminación indirecta.

10. Para prevenir la realización de conductas discriminatorias en los actos y las cláusulas de los negocios jurídicos, el artículo 10 de la LO 3/2007 prevé la existencia de un sistema de sanciones eficaz y:

a) Proporcionado.
b) Comprensible.
c) Cuantificable.
d) Disuasorio.

11. Según el artículo 10 de la LO 3/2007, los actos y las cláusulas de los negocios jurídicos que constituyan o causen discriminación por razón de sexo se considerarán:

a) Válidos, pero anulables.
b) Nulos y sin efecto.
c) Ilegales.
d) Nulos, pero con efectos.

12. Con el fin de hacer efectivo el derecho constitucional de la igualdad, los Poderes Públicos adoptarán medidas específicas en favor de las mujeres para corregir situaciones patentes de desigualdad de hecho respecto de los hombres. Tales medidas, que serán aplicables en tanto subsistan dichas situaciones, habrán de ser en relación con el objetivo perseguido en cada caso razonables y:

a) Justificadas.
b) Autorizadas judicialmente.
c) Transparentes.
d) Proporcionadas.

13. Conforme al artículo 12 de la LO 3/2007, cualquier persona podrá recabar de los tribunales la tutela del derecho a la igualdad entre mujeres y hombres, de acuerdo con lo establecido en el artículo 53.2 de la Constitución:

a) Siempre que la relación en la que supuestamente se produce la discriminación se encuentre vigente.
b) Incluso tras la terminación de la relación en la que supuestamente se ha producido la discriminación.

c) Siempre que se haya dado por terminada la relación en la que supuestamente se produce la discriminación.

d) A menos que se haya procedido a la suspensión de la relación en la que supuestamente se produce la discriminación.

14. La persona acosada será la única legitimada en los litigios:

a) Sobre discriminación directa.
b) Sobre acoso sexual y acoso por razón de sexo.
c) Sobre acoso sexual únicamente.
d) Únicamente sobre acoso por razón de sexo.

15. Según el artículo 15 de la LO 3/2007, el principio de igualdad de trato y oportunidades entre mujeres y hombres informará la actuación de todos los Poderes Públicos, con carácter:

a) General.
b) Transversal.
c) Integral.
d) Global.

16. El Gobierno dará cuenta del informe sobre el conjunto de sus actuaciones en relación con la efectividad del principio de igualdad entre mujeres y hombres:

a) Al Congreso de los Diputados.
b) A las Cortes Generales.
c) A las asociaciones y organizaciones de mujeres.
d) Al Defensor del Pueblo.

17. Los proyectos de disposiciones de carácter general y los planes de especial relevancia económica, social, cultural y artística que se sometan a la aprobación del Consejo de Ministros deberán incorporar:

a) Un Plan Estratégico de Igualdad de Oportunidades.
b) Una estadística o encuesta que posibilite el conocimiento de las diferencias en los valores, roles, situaciones y condiciones, de mujeres y hombres en el ámbito de acción del proyecto o plan.
c) Un informe periódico sobre el conjunto de sus actuaciones en relación con la efectividad del principio de igualdad entre mujeres y hombres.
d) Un informe sobre su impacto por razón de género.

18. Conforme al artículo 22 de la LO 3/2007, las corporaciones locales, con el fin de avanzar hacia un reparto equitativo de los tiempos entre mujeres y hombres, podrán establecer:

a) Planes Municipales de Empleo con perspectiva de género.
b) Ordenanzas de regulación del tiempo.
c) Ordenanzas o Edictos de representación equilibrada en los tiempos de la ciudad.
d) Planes Municipales de organización del tiempo de la ciudad.

19. Según el artículo 53 de la LO 3/2007, todos los tribunales y órganos de selección del personal de la Administración General del Estado y de los organismos públicos vinculados o dependientes de ella responderán al principio de presencia equilibrada de mujeres y hombres:

a) En todo caso.
b) Salvo por razones fundadas y objetivas, debidamente motivadas.
c) Salvo los casos previstos legalmente.
d) Salvo los casos que se prevean reglamentariamente.

20. La Disposición Adicional Primera de la LO 3/2007, determina que se entenderá por composición equilibrada la presencia de mujeres y hombres de forma que, en el conjunto al que se refiera, las personas de cada sexo:

a) No superen el 55 % ni sean menos del 45 %.
b) No superen el 70 % ni sean menos del 30 %.
c) No superen el 60 % ni sean menos del 40 %.
d) No superen el 65 % ni sean menos del 35 %.

21. El capítulo III del título V de la LO 3/2007, establece una serie de medidas que han de aplicarse obligatoriamente en la Administración General del Estado y en los organismos públicos vinculados o dependientes de ella, para favorecer la igualdad en el empleo público. Entre ellas figura:

a) Siempre que se apruebe la celebración de convocatorias de pruebas selectivas para el acceso al empleo público, sin excepción, se incluirá un informe de impacto de género.
b) En las bases de los concursos para la provisión de puestos de trabajo se computará, a los efectos de valoración del trabajo desarrollado y de los correspondientes méritos, el tiempo que las personas candidatas hayan permanecido en excedencia, reducción de jornada o permisos relacionados con la maternidad.
c) Cuando el período de vacaciones coincida con una incapacidad temporal derivada del embarazo, parto o lactancia natural, o con el permiso de maternidad, o con su ampliación por lactancia, la empleada pública tendrá derecho a disfrutar las vacaciones en fecha distinta, siempre que no haya terminado el año natural al que correspondan.
d) Preferencia por tiempo indefinido, en la adjudicación de plazas para participar en los cursos de formación a quienes se hayan incorporado al servicio activo procedentes del permiso de maternidad o paternidad, o hayan reingresado desde la situación de excedencia por razones de guarda legal y atención a personas mayores dependientes o personas con discapacidad.

22. La aprobación de convocatorias de pruebas selectivas para el acceso al empleo público en la Administración General del Estado o en los organismos públicos vinculados o dependientes de ella, deberá:

a) Asegurar la adjudicación de plazas ofertadas por el principio de presencia equilibrada de mujeres y hombres.
b) Reservar al menos un 40% de las plazas para cada sexo.
c) Acompañarse de un informe de impacto de género, salvo en casos de urgencia.
d) Separar las plazas que se hayan de cubrir por hombres de las que se hayan de cubrir por mujeres.

23. Según el artículo 58 de la LO 3/2007:

a) Cuando las condiciones del puesto de trabajo de una funcionaria incluida en el ámbito de aplicación del mutualismo administrativo pudieran influir negativamente en la salud de la mujer, del hijo e hija, podrá concederse licencia por riesgo durante el embarazo, en los mismos términos y condiciones previstas en la normativa aplicable. En estos casos, se garantizará la plenitud de los derechos económicos de la funcionaria durante toda la duración de la licencia, de acuerdo con lo establecido en la legislación específica.

b) Cuando las condiciones del puesto de trabajo de una funcionaria incluida en el ámbito de aplicación del mutualismo administrativo pudieran influir negativamente en la salud de la mujer, del hijo e hija, deberá concederse licencia por riesgo durante el embarazo, en los mismos términos y condiciones previstas en la normativa aplicable. En estos casos, se garantizará la plenitud de los derechos económicos de la funcionaria durante los dos primeros meses de la licencia, de acuerdo con lo establecido en la legislación específica.

c) Cuando las condiciones del puesto de trabajo de una funcionaria incluida en el ámbito de aplicación del régimen general de la seguridad social pudieran influir negativamente en la salud de la mujer, del hijo e hija, podrá concederse licencia por riesgo durante el embarazo, en los mismos términos y condiciones previstas en la normativa aplicable. En estos casos, se garantizará la plenitud de las retribuciones básicas de la funcionaria durante toda la duración de la licencia, de acuerdo con lo establecido en la legislación específica.

d) Cuando las condiciones del puesto de trabajo de una funcionaria incluida en el ámbito de aplicación del régimen general de la seguridad social hayan influido negativamente en la salud de la mujer, del hijo e hija, podrá concederse licencia por riesgo durante el embarazo, en los mismos términos y condiciones previstas para el mutualismo administrativo. En estos casos, se garantizará la plenitud de los derechos económicos de la funcionaria durante toda la duración de la licencia, de acuerdo con lo establecido en la legislación específica.

24. Conforme al artículo 59 de la LO 3/2007:

a) Cuando el periodo de vacaciones coincida con una incapacidad temporal derivada del embarazo, parto o lactancia natural, o con el permiso de maternidad, o con su ampliación por lactancia, la empleada pública deberá unir ambos períodos sumando los días de vacaciones que le correspondan.

b) Cuando el periodo de vacaciones coincida con una incapacidad temporal derivada del embarazo, parto o lactancia natural, o con el permiso de maternidad, o con su ampliación por lactancia, la empleada pública tendrá derecho a disfrutar las vacaciones en fecha distinta, antes de que termine el año natural al que correspondan.

c) Cuando el periodo de vacaciones coincida con una incapacidad temporal derivada del embarazo, parto o lactancia natural, o con el permiso de maternidad, o con su ampliación por lactancia, la empleada pública tendrá derecho a optar por estos permisos o por las vacaciones.

d) Cuando el periodo de vacaciones coincida con una incapacidad temporal derivada del embarazo, parto o lactancia natural, o con el permiso de maternidad, o con su ampliación por lactancia, la empleada pública tendrá derecho a disfrutar las vacaciones en fecha distinta, aunque haya terminado el año natural al que correspondan.

25. A la vista de la evolución e impacto de las políticas de igualdad en el merca-do laboral, el Consejo de Ministros determinará los contratos de la Administración General del Estado y de sus organismos públicos que obligatoriamente deberán in-cluir entre sus condiciones de ejecución medidas tendentes a promover la igualdad efectiva entre mujeres y hombres en el mercado de trabajo:

a) Mensualmente.
b) Trimestralmente.
c) Semestralmente.
d) Anualmente.

26. Según el artículo 60.2 de la LO 3/2007, con el fin de facilitar la promoción profesional de las empleadas públicas y su acceso a puestos directivos en la Ad-ministración General del Estado y en los organismos públicos vinculados o depen-dientes de ella, en las convocatorias de los correspondientes cursos de formación se reservará para su adjudicación a aquéllas que reúnan los requisitos establecidos, al menos:

a) Un 40% de las plazas.
b) Un 50% de las plazas.
c) Un 60% de las plazas.
d) Un 75% de las plazas.

27. En las convocatorias de los correspondientes cursos de formación se reser-vará, para su adjudicación a aquellas empleadas públicas que reúnan los requisitos establecidos, con el fin de facilitar la promoción profesional y su acceso a puestos directivos en la Administración General del Estado y en los organismos públicos vinculados o dependientes de ella, un porcentaje:

a) De al menos un 40%.
b) De al menos un 50%.
c) De al menos un 60%.
d) De al menos un 65%.

28. Con el objeto de actualizar los conocimientos de los empleados y empleadas públicas, aquellos que se hayan incorporado al servicio activo procedentes del per-miso de maternidad o paternidad, o hayan reingresado desde la situación de exce-dencia por razones de guarda legal y atención a personas mayores dependientes o personas con discapacidad tendrán preferencia en la adjudicación de plazas para participar en los cursos de formación durante:

a) 6 meses.
b) 1 año.
c) 18 meses.
d) 2 años.

29. Conforme al artículo 64 de la LO, el Gobierno deberá aprobar un Plan para la Igualdad entre mujeres y hombres en la Administración General del Estado:

a) Periódicamente.
b) Anualmente.
c) Al inicio de cada legislatura.
d) Cada cuatro años.

30. Según el artículo 67 de la LO 3/2007, las normas reguladoras de las Fuerzas y Cuerpos de Seguridad del Estado promoverán la igualdad efectiva entre mujeres y hombres, impidiendo cualquier situación de discriminación profesional, especialmente, en el sistema de acceso, formación, ascensos, destinos y:

a) Jornada de trabajo.
b) Retribuciones.
c) Vacaciones.
d) Situaciones administrativas.

Solución al test n.º 10

1. c) La Ley orgánica 3/2007, de 22 de marzo.

2. c) Título V.

3. b) Igualdad de trato y de oportunidades entre mujeres y hombres.

4. a) A toda persona, física o jurídica, que se encuentre o actúe en territorio español, cualquiera que fuese su nacionalidad, domicilio o residencia.

5. c) Es un principio informador del ordenamiento jurídico.

6. a) Discriminación directa.

7. d) Cualquier comportamiento, verbal o físico, de naturaleza sexual que tenga el propósito o produzca el efecto de atentar contra la dignidad de una persona, en particular cuando se crea un entorno intimidatorio, degradante u ofensivo.

8. c) Discriminación directa por razón de sexo.

9. c) Acoso por razón de sexo.

10. d) Disuasorio.

11. b) Nulos y sin efecto.

12. d) Proporcionadas.

13. b) Incluso tras la terminación de la relación en la que supuestamente se ha producido la discriminación.

14. b) Sobre acoso sexual y acoso por razón de sexo.

15. b) Transversal.

16. b) A las Cortes Generales.

17. d) Un informe sobre su impacto por razón de género.

18. d) Planes Municipales de organización del tiempo de la ciudad.

19. b) Salvo por razones fundadas y objetivas, debidamente motivadas.

20. c) No superen el 60 % ni sean menos del 40 %.

21. b) En las bases de los concursos para la provisión de puestos de trabajo se computará, a los efectos de valoración del trabajo desarrollado y de los correspondientes méritos, el tiempo que las personas candidatas hayan permanecido en excedencia, reducción de jornada o permisos relacionados con la maternidad.

22. c) Acompañarse de un informe de impacto de género, salvo en casos de urgencia.

23. a) Cuando las condiciones del puesto de trabajo de una funcionaria incluida en el ámbito de aplicación del mutualismo administrativo pudieran influir negativamente en la salud de la mujer, del hijo e hija, podrá concederse licencia por riesgo durante el embarazo, en los mismos términos y condiciones previstas en la normativa aplicable. En estos casos, se garantizará la plenitud de los derechos económicos de la funcionaria durante toda la duración de la licencia, de acuerdo con lo establecido en la legislación específica.

24. d) Cuando el periodo de vacaciones coincida con una incapacidad temporal derivada del embarazo, parto o lactancia natural, o con el permiso de maternidad, o con su ampliación por lactancia, la empleada pública tendrá derecho a disfrutar las vacaciones en fecha distinta, aunque haya terminado el año natural al que correspondan.

25. d) Anualmente.

26. a) Un 40% de las plazas.

27. a) De al menos un 40%.

28. b) 1 año.

29. c) Al inicio de cada legislatura.

30. d) Situaciones administrativas.

GRUPO SEGUNDO
TEMARIO ESPECÍFICO

TEST

Centros oficiales de la ciudad de Alicante: Partidas, barrios, playas y centros de interés

1. La Concejalía de Bienestar Social está ubicada en:

a) Plaza del Ayuntamiento, 1.
b) Avenida de la Constitución, 1.
c) C/ Cervantes, 3- 2.º
d) C/ Cándida Jimeno Gargallo, 1- 3º.

2. En la Plaza Santísima Faz está la:

a) Concejalía de Movilidad Urbana.
b) Concejalía de Turismo y Playas.
c) Concejalía de Vivienda.
d) Concejalía de Urbanismo.

3. ¿Cuántos Equipos sociales de zona hay en la ciudad de Alicante?

a) Siete.
b) Cinco.
c) Diez.
d) Ninguna respuesta es correcta.

4. ¿Cuál de los siguientes nombres corresponde a una Biblioteca municipal de Alicante?

a) San Agustín.
b) El Puesto.
c) El Puente Rojo.
d) Isla Tabarca.

5. Señala el que no sea un centro oficial municipal de Alicante:

a) La Plaza de Toros.
b) La Casa de la Festa.

c) La Agencia Local de Desarrollo Económico y Social.

d) El archivo de la Diputación Provincial.

6. La Oficina de información y Comunicación (Edusi Alicante Área Las Cigarreras) es un equipamiento de la Concejalía de:

a) Planes Estratégicos y Proyectos europeos.

b) Coordinación de Proyectos.

c) Cultura.

d) Educación.

7. El Castillo de Santa Bárbara sirve de sede al/a la:

a) Museo de la Ciudad de Alicante (Musa).

b) Teatro Principal de Alicante.

c) Archivo Municipal.

d) Librería Municipal.

8. ¿En qué calle de Alicante se encuentra situada la Dirección Territorial de Educación y Universidades?

a) C/ Gerona, 26.

b) C/ Carratalá, 47.

c) C/ Churruca, 25.

d) C/ Jorge Juan, 4.

9. La mayoría de los Centros de Administración de Justicia de la ciudad de Alicante se encuentran ubicados:

a) En la Plaza de la Montanyeta, 6.

b) En la Plaza San Cristóbal, 1.

c) En la Avda. de Aguilera, 53.

d) a y c son correctas.

10. ¿En cuántos distritos se divide la ciudad de Alicante?

a) 5.

b) 6.

c) 7.

d) 12.

11. Las partidas rurales tradicionales de Alicante se agrupan en el Distrito:

a) 2.

b) 3.

c) 5.
d) 4.

12. Señala la opción en la que todas son partidas rurales de Alicante:

a) Fontcalent, Tangel y Tómbola.
b) Tangel, Rebolledo y Alcoraya.
c) Tabarca, Tómbola y Vistahermosa.
d) Pla de la Vallonga, Nou Alacant y Tabarca.

13. Los Consulados de Francia y Reino Unido se ubican en la calle:

a) Explanada de España.
b) Reyes Católicos.
c) Rambla de Méndez Núñez.
d) Avda. Juan Bautista Lafora.

14. La Oficina de Atención Ciudadana (OAC) Séneca se encuentra en:

a) C/ Jorge Juan.
b) C/ Portugal.
c) Plaza del Ayuntamiento.
d) C/ Cándida Jimeno Gargallo, 1- 3º.

15. Y el Patronato Municipal de Turismo y Playas de Alicante:

a) Plaza del Ayuntamiento.
b) C/ Cervantes.
c) C/ Jorge Juan.
d) Avda. Salamanca.

16. Señala la afirmación correcta:

a) Todas las playas de Alicante son llanas y arenosas.
b) La mayoría de las playas de Alicante son llanas y arenosas.
c) Todas las playas de Alicante son rocosas y de difícil acceso.
d) La mayoría de las playas de Alicante son rocosas y de difícil acceso.

17. ¿Cuál es la playa más larga de la ciudad de Alicante?

a) De Levante.
b) Agua Amarga.
c) Coveta Fumá.
d) San Juan.

18. Señala la playa de Alicante que presenta calas rocosas, discretas y de difícil acceso:

a) Playa del Postiguet.
b) Playa de la Albufereta.
c) Playa del Cabo de las Huertas.
d) No hay ninguna playa en Alicante con estas características.

19. ¿Cómo se llama el castillo de Alicante situado en la cumbre del monte Benacantil?

a) Castillo de Santa Bárbara.
b) Castillo de San Fernando.
c) Castillo de los Luceros.
d) Castillo de la Santa Faz.

20. ¿Cómo se llama la Iglesia más antigua de la ciudad de Alicante?

a) San José.
b) San Nicolás.
c) Santa María.
d) San Blas.

21. El punto más conocido de la ciudad de Alicante, paralelo al mar y con un pavimento formado por 6.600.000 piedras de mármol se llama:

a) La Explanada.
b) La Plaza de los Luceros.
c) El Castillo de San Fernando.
d) Lucentum.

22. ¿Cómo se conoce también a la Isla de Tabarca?

a) Isla llana.
b) Isla abierta.
c) Isla plana.
d) Isla del Saladar.

23. El distrito que abarca el casco antiguo de Alicante es el nº:

a) 3.
b) 5.
c) 1.
d) 2.

24. La Gerencia Territorial del Catastro de Alicante se encuentra en:

a) C/ Jorge Juan.
b) C/ Portugal.
c) Plaza del Ayuntamiento.
d) C/ Reyes Católicos.

25. ¿Dónde se encuentra el Síndic de Greuges?

a) C/ Pascual Blasco.
b) C/ Cervantes.
c) C/ Jorge Juan.
d) Avda. Salamanca.

26. Si me encuentro en San Juan de Alicante y preciso acudir a un centro sanitario, podrán atenderme en:

a) Centro de Salud Babel.
b) Centro de Salud Campoamor.
c) Hospital Universitario de San Juan.
d) Centro de Salud Benalúa.

27. El Centro de Control de Tráfico es un equipamiento de la Concejalía de:

a) Transportes.
b) Seguridad Ciudadana.
c) Movilidad Urbana.
d) Fiestas y Ocupación de la Vía Pública.

28. El depósito municipal de vehículos de Babel se encuentra en:

a) C/ Julián Besteiro.
b) Camino de los Frailes.
c) Avenida Jaime III.
d) C/ Metalúrgicas.

29. ¿A qué concejalía corresponde el Museo Nueva Tabarca?

a) Fiestas y Ocupación de la Vía Pública.
b) Medio Ambiente.
c) Cultura.
d) Educación.

30. ¿Con qué equipamiento cuenta la Concejalía de Derechos Públicos cooperación y Voluntariado?

a) Centro de Convivencia y Participación.

b) Centro de Asociaciones y Voluntariado de Alicante.

c) Centro Municipal Integrado Sargento Vaillo.

d) Centro municipal de las artes.

Solución al test n.º 11

1. b) Avenida de la Constitución, 1.

2. c) Concejalía de Vivienda.

3. b) Cinco.

4. b) El Puesto.

5. d) El archivo de la Diputación Provincial.

6. a) Planes Estratégicos y Proyectos europeos.

7. a) Museo de la Ciudad de Alicante (Musa)

8. b) C/ Carratalá, 47.

9. c) En la Avda. de Aguilera, 53.

10. a) 5.

11. c) 5.

12. b) Tangel, Rebolledo y Alcoraya.

13. c) Rambla de Méndez Núñez.

14. b) C/ Cervantes.

15. b) C/ Cervantes.

16. b) La mayoría de las playas de Alicante son llanas y arenosas.

17. d) San Juan.

18. c) Playa del Cabo de las Huertas.

19. a) Castillo de Santa Bárbara.

20. c) Santa María.

21. a) La Explanada.

22. c) Isla plana.

23. c) 1.

24. d) C/ Reyes Católicos.

25. a) C/ Pascual Blasco.

26. c) Hospital Universitario de San Juan.

27. c) Movilidad Urbana.

28. d) C/ Metalúrgicas.

29. b) Medio Ambiente.

30. b) Centro de Asociaciones y Voluntariado de Alicante.

Servicios y dependencias municipales: ubicación y funciones que en ellas se desarrollan

1. ¿En cuántos ámbitos se estructura el Ayuntamiento de Alicante para el ejercicio de sus competencias?

a) 7.
b) 5.
c) 6.
d) 12.

2. Los gabinetes de Protocolo y de Prensa e Imagen pertenecen al Servicio de:

a) Secretaría del Pleno.
b) Alcaldía.
c) Vicesecretaría.
d) Participación Ciudadana y Partidas Rurales.

3. El Registro Electrónico General y la Oficina de asistencia en materia de Registros se encuadran en el Servicio de:

a) Alcaldía.
b) Secretaría del Pleno.
c) Asesoría Jurídica.
d) Vicesecretaría.

4. La función de coordinación de Planes Transversales, así como de los proyectos de carácter tecnológico, social y cultural, que afecten a varios servicios y departamentos, corresponde al Servicio de:

a) Participación Ciudadana y Partidas Rurales.
b) Inmigración, Cooperación y Voluntariado.
c) Planes Estratégicos y Proyectos Europeos.
d) Estadística.

5. ¿Cuál de los siguientes servicios es gestionado por el Departamento de Calidad y Atención a la Ciudadanía?

a) Oficina de asistencia en materia de Registros.
b) Oficina Presupuestaria.
c) Oficina de Sugerencias y Reclamaciones.
d) La Red de oficinas PANGEA.

6. La dependencia municipal del Servicio de Economía y Hacienda se encuentra en:

a) C/ Jorge Juan.
b) Plaza del Ayuntamiento.
c) C/ Mayor.
d) C/ Cervantes.

7. La organización, planificación, desarrollo y gestión de todas las actuaciones que sean necesarias para dotar al Ayuntamiento del personal necesario corresponde al Servicio de:

a) Prevención de Riesgos Laborales.
b) Recursos Humanos y Organización.
c) Coordinación de Proyectos.
d) Economía y Hacienda.

8. Garantizar que la contratación administrativa del Ayuntamiento se ajuste a los principios de libertad de acceso a las licitaciones, publicidad, concurrencia, igualdad de trato y transparencia de los procedimientos es misión del:

a) Servicio de Contratación.
b) Servicio de Recursos Humanos y Organización.
c) Servicio de Gestión Patrimonial.
d) Departamento de Gestión Patrimonial.

9. La promoción, y en su caso, construcción de viviendas para atender las necesidades derivadas de la ejecución de planes urbanísticos de la renovación urbana y de los grupos de población económicamente débiles es función que corresponde al:

a) Oficina del Plan General.
b) Servicio de Planeamiento.
c) Servicio de Disciplina Urbanística y Ambiental.
d) Patronato Municipal de la Vivienda.

10. El Servicio de Infraestructuras tiene como misión general:

a) La investigación, información, asesoramiento y colaboración en estudios y actividades técnicas relacionadas con la vivienda y el urbanismo
b) La colaboración con los Montepíos, Cooperativas, Asociaciones y demás instituciones creadas para la promoción de la vivienda popular.

c) El mantenimiento de las dependencias públicas, centros escolares, instalaciones deportivas y culturales municipales.

d) La remodelación de zonas suburbiales con supresión del chabolismo.

11. El Servicio de limpieza y recogida de residuos se estructura a través del/de la:

a) Departamento de limpieza y recogida de residuos.
b) Jefatura de Servicio de limpieza y recogida de residuos.
c) Departamento de Protección Medioambiental.
d) Departamento de Educación Ambiental.

12. Las funciones de desarrollo socioeconómico y fomento de empresas y empleo, atribuidas al Servicio de Empleo del Ayuntamiento de Alicante, son llevadas a cabo por:

a) El departamento de Empleo y Desarrollo.
b) La Oficina de Desarrollo Local.
c) La Agencia Local de Desarrollo Económico y Social.
d) La Unidad de Desarrollo Económico y Social Local.

13. Las funciones de turismo y playas se realizan por el organismo autónomo:

a) Oficina de Turismo y Playas.
b) Agencia de Turismo y Playas.
c) Departamento de Turismo y Playas.
d) Patronato Municipal de Turismo y Playas.

14. El Departamento de Comercio y Hostelería se encuentra en:

a) C/ Jorge Juan.
b) C/ Cervantes.
c) Plaza del Ayuntamiento.
d) C/ Cándida Jimeno Gargallo, 1- 3º.

15. El control de higiene, tecnología e investigación alimentaria en el Ayuntamiento de Alicante se realizan a través del:

a) Departamento de Consumo.
b) Departamento de Sanidad.
c) Departamento de protección animal.
d) Departamento de dinamización comercial.

16. Garantizar el adecuado y suficiente abastecimiento de artículos de primera necesidad a todos los estratos sociales y zonas de la ciudad es función del:

a) Departamento de Sanidad.
b) Departamento de Dinamización Comercial.

c) Departamento de Mercados.
d) Departamento de Comercio y Hostelería.

17. ¿Cuál de los siguientes departamentos no forma parte del Servicio de Tráfico, Transportes, Movilidad y Accesibilidad?

a) Policía Local.
b) Departamento técnico de Transportes.
c) Unidad de Sanciones y Subastas.
d) Departamento técnico de Tráfico.

18. El Departamento Técnico de Protección Civil y Gestión de Emergencias pertenece al Servicio de:

a) Tráfico, Transportes, Movilidad y Accesibilidad.
b) Sanidad.
c) Seguridad.
d) Fiestas y Ocupación de Vía Pública.

19. El Departamento de Unidad de Gestión de la Memoria de Alicante depende del Servicio de:

a) Seguridad.
b) Educación.
c) Cultura.
d) Bienestar Social.

20. Tiene como misión la atención de las necesidades básicas de las personas que momentáneamente no las puedan cubrir por ellas mismas el Servicio de:

a) Bienestar social.
b) Acción social.
c) Integración social.
d) Inclusión social.

21. La planificación, desarrollo y ejecución de las funciones que asuma el Ayuntamiento de Alicante en materia de Juventud, corresponde al:

a) Centro de Recursos de la Juventud.
b) Consell de Juventud.
c) Servicio de Juventud.
d) Departamento de Juventud.

22. Indica cuál de los siguientes órganos o departamentos no se encuentra adscrito al Servicio de Educación:

a) Órgano de Actividades Educativas y Formación.
b) Programa de Familia y Menor.

c) Departamento Técnico de Prevención del Absentismo Escolar.
d) Escuelas Infantiles.

23. Si tenemos que realizar una instalación desmontable para un evento público a celebrar en Alicante, tendremos que pedir autorización al Servicio de:

a) Seguridad.
b) Educación.
c) Cultura.
d) Fiestas y Ocupación de Vía Pública.

24. El Servicio de Fiestas y Ocupación de Vía Pública se encuentra en:

a) C/ Cándida Jimeno Gargallo.
b) C/ Cervantes.
c) C/ Maldonado.
d) C/ Labradores.

25. El Departamento de Participación Ciudadana y Partidas Rurales forma parte del Servicio de:

a) Igualdad.
b) Cultura.
c) Fiestas y Ocupación de Vía Pública.
d) Seguridad.

26. El órgano del Ayuntamiento de Alicante con capacidad competencial propia derivada de las funciones que se le asignan, constituido por un conjunto de departamentos y otros órganos de nivel inferior, se denomina:

a) Servicio.
b) Unidad.
c) Oficina.
d) Centro.

27. El conjunto de puestos de trabajo que realizan tareas o actividades relacionadas para la consecución de los objetivos del servicio al que pertenecen se denomina:

a) Oficina.
b) Gabinete.
c) Unidad.
d) Departamento.

28. Las funciones comprensivas de la fe pública y el asesoramiento legal preceptivo del Ayuntamiento de Alicante las realiza:

a) La Secretaría de Alcaldía.
b) El Gabinete de Protocolo.

c) La Secretaría General del Pleno.
d) El Servicio Jurídico Municipal.

29. La Agencia de Promoció del Valenciá se integra en la estructura municipal del Ayuntamiento de Alicante mediante:

a) El Departamento de la Agencia de Promoció del Valenciá.
b) La Oficina de la Agencia de Promoció del Valenciá.
c) El Servicio de la Agencia de Promoció del Valenciá.
d) No se encuentra integrada en el mismo.

30. La gestión del Padrón de Habitantes de Alicante corresponde:

a) Al Departamento de Proyectos Estratégicos Territoriales.
b) Al Departamento de Estadística.
c) Al Servicio jurídico municipal.
d) A la Vicesecretaría.

31. El Departamento de Calidad y Atención a la Ciudadanía gestiona:

a) El Servicio de Atención Integral a la Ciudadanía (SAIC).
b) La Red de oficinas PANGEA.
c) La Unidad de Voluntariado.
d) Todas las anteriores.

32. El Servicio de Economía y Hacienda pertenece al ámbito de:

a) Seguridad.
b) Alcaldía.
c) Servicios internos.
d) Bienestar social, Educación, Juventud, Deportes y Cultura.

33. El control de todos los actos relativos a la gestión económica del Ayuntamiento corresponde a:

a) Gestión.
b) Inspección.
c) Tesorería municipal.
d) Intervención general.

34. ¿A qué Servicio corresponde la implantación de nuevas tecnologías en la gestión municipal y la contribución al desarrollo de la sociedad de la información?

a) Servicio de la Sociedad de la Información.
b) Servicio de Recursos Humanos.

c) Servicio de Nuevas Tecnologías, Innovación e Informática.
d) Servicio de Administración Electrónica.

35. Para cumplir sus objetivos el Servicio de Gestión Patrimonial se estructura en:

a) El Servicio de Contratación.
b) El Servicio de Recursos Humanos.
c) El Departamento de patrimonio municipal.
d) El Departamento de Gestión Patrimonial.

Solución al test n.º 12

1. c) 6.

2. b) Alcaldía.

3. d) Vicesecretaría.

4. c) Planes Estratégicos y Proyectos Europeos.

5. c) Alcaldía.

6. a) C/ Jorge Juan.

7. b) Recursos Humanos y Organización.

8. a) Servicio de Contratación.

9. d) Patronato Municipal de la Vivienda.

10. c) El mantenimiento de las dependencias públicas, centros escolares, instalaciones deportivas y culturales municipales.

11. b) La Jefatura de Servicio de limpieza y recogida de residuos.

12. c) La Agencia Local de Desarrollo Económico y Social.

13. d) Patronato Municipal de Turismo y Playas.

14. b) C/ Cervantes.

15. b) Departamento de Sanidad.

16. c) Departamento de Mercados.

17. a) Policía Local.

18. c) Seguridad.

19. c) Cultura.

20. a) Bienestar social.

21. d) Departamento de Juventud.

22. b) Programa de Familia y Menor

23. d) Fiestas y Ocupación de Vía Pública.

24. a) C/ Cándida Jimeno Gargallo.

25. d) Fiestas y Ocupación de Vía Pública.

26. a) Servicio.

27. d) Departamento.

28. c) La Secretaría General del Pleno.

29. b) La Oficina de la Agencia de Promoció del Valenciá.

30. b) Al Departamento de Estadística.

31. a) El Servicio de Atención Integral a la Ciudadanía (SAIC).

32. c) Servicios internos.

33. d) Intervención general.

34. c) Servicio de Nuevas Tecnologías, Innovación e Informática.

35. d) El Departamento de Gestión Patrimonial.

Mantenimiento y conservación de las instalaciones municipales

1. ¿Cómo se denomina el revestimiento o segunda mano de revoque que se da a los muros realizados con material para que presenten una superficie unida y tersa?

a) Enlucido.
b) Enfoscado.
c) Enyesado.
d) Alicatado.

2. ¿Cómo se llama el aparato basado en un sistema de válvula de regulación, para limitar el caudal en caso necesario, que se intercala directamente en la red de suministro del agua, sin necesidad de contar con depósito alguno?

a) Fluxor.
b) Cisterna.
c) Sifón.
d) Cartucho.

3. Las tuberías de cobre en forma de tubo blando o recocido:

a) Se venden en tubos de 5 metros.
b) Se venden en rollos de 50 metros.
c) Se venden en rollos de 5 metros.
d) Se venden en rollos de 10 metros.

4. ¿Cómo se llama el aparato de alumbrado que reparte, filtra o transforma la luz emitida por una o varias lámparas y que comprende todos los dispositivos necesarios para el soporte, la fijación y la protección de lámparas (excluyendo las propias lámparas) y, en caso necesario, los circuitos auxiliares en combinación con los medios de conexión con la red de alimentación?

a) Reflector.
b) Lámpara.

c) Difusor.
d) Luminaria.

5. ¿Cómo se llama la protección principal de cualquier instalación eléctrica?

a) ICP.
b) IGA.
c) Cuadro General de Mando.
d) Interruptor Diferencial.

6. Las grietas exteriores dirigidas radialmente que pasan de la madera de albura al duramen y tienen una extensión considerable a lo largo del surtido, que afectan a la madera se denominan:

a) Nudos.
b) Acebolladura.
c) Fenda de heladura.
d) Fenda de corazón partido.

7. Tubería que enlaza la instalación general del edificio con la red exterior de suministro:

a) Acometida.
b) Saneamiento.
c) Sifón.
d) Cisterna.

8. Es la encargada de conducir las aguas residuales de los diferentes colectores de las bajantes al punto de enlace con el alcantarillado:

a) Red de desagüe de interior de vivienda.
b) Red horizontal de evacuación.
c) Bajante general.
d) Arqueta de salida.

9. Cuando hacemos mezcla de arena u otras sustancias con cal, cemento u otro aglomerante y agua, habremos hecho:

a) Azulejo.
b) Mortero.
c) Yeso.
d) Bovedilla.

10. ¿En cuál de los siguientes oficios se utiliza el mortero?

a) En fontanería.
b) En carpintería.

c) En pintura.
d) En albañilería.

11. ¿Cómo se llama al revestimiento o segunda mano que se da a los muros realizados con material para que presenten una superficie unida y tersa?

a) Revoco.
b) Enfoscado.
c) Enlucido.
d) Fratasado.

12. A la cantidad de mortero que se lanza con la paleta al paramento, de una sola vez, se llama:

a) Palada.
b) Remate.
c) Pellada.
d) Cajón.

13. ¿Cuál de estas acciones no se debe realizar en techos suspendidos?

a) Realizar conducciones de agua por encima de él.
b) Realizar conducciones de gases por encima de él.
c) Pintarlos.
d) Colgar elementos pesados del techo.

14. El revestimiento continuo ejecutado con mortero de cemento, de cal o mixto para regularizar la superficie de soporte a fin de prepararla para un acabado posterior, recibe el nombre de:

a) Enfoscado.
b) Tendido.
c) Estuco.
d) Enlosado.

15. Las aguas vertidas a un sistema de desagüe o alcantarillado después de su uso doméstico o industrial se denominan:

a) Aguas pluviales.
b) Aguas residuales.
c) Fango.
d) Aguas potables.

16. Uno de los materiales muy utilizados en la construcción, sobre todo por su versatilidad, es el PVC. Señala el nombre completo al que corresponden estas siglas:

a) Policloruro de vinilo.
b) Polietielino versátil clorado.

c) Policloruro.
d) Plástico varios colores.

17. Hoy en día, las canalizaciones de desagüe se hacen en material de:

a) Hormigón.
b) PVC.
c) Hierro.
d) Plomo.

18. Las secciones de las ramas que se hallan incluidas dentro del tronco de la madera reciben el nombre de:

a) Bolsas.
b) Granos.
c) Vetas.
d) Nudos.

19. ¿Qué es un ensamble?

a) Es el acoplamiento de la cabeza del martillo con el mango.
b) Es encolar una chapa de madera en la cara de un tablero.
c) Es el acoplamiento de dos piezas en ángulo.
d) Es encolar una chapa de madera al canto de un tablero.

20. Conforme al sistema de accionamiento de una ventana, una guillotina es:

a) La que se desliza verticalmente mediante guías, poleas y contrapesos.
b) La que gira verticalmente por medio de pivotes en el centro.
c) La que está suspendida horizontalmente con pivotes el centro.
d) La que tiene la hoja con bisagra fija y se abre en sentido ascendente o descendente.

21. ¿Cuáles son los colores de los cables, con los que se identifican las fases en los circuitos trifásicos de corriente alterna?

a) Negro, marrón y gris.
b) Verde, rojo y amarillo.
c) Violeta, malva y celeste.
d) Negro, marrón y verde amarillo.

22. ¿Qué es el ICP?

a) Interruptor diferencial.
b) Interruptor de cruce.
c) Interruptor común polivalente.
d) Interruptor de control de potencia.

23. ¿A qué nos referimos cuando hablamos del triscado de una hoja de sierra?

a) A la distancia que serramos en un minuto.
b) A la distancia que hay entre 3 dientes.
c) Es el ancho de la sierra.
d) A la ondulación o cruzado de los dientes.

24. ¿Qué es una caldera?

a) Un aparato que transforma el gas en energía eléctrica.
b) Un depósito que almacena agua fría.
c) Un aparato a presión donde el calor se transforma en utilizable mediante un medio líquido o vapor.
d) Un sistema que distribuye aire caliente por conductos.

25. ¿Qué acción está prohibida con la caldera caliente?

a) Encender los radiadores.
b) Rellenar el circuito de agua.
c) Limpiar el exterior.
d) Encender la bomba de circulación.

26. ¿Qué función cumplen los radiadores?

a) Regular la presión del agua.
b) Transmitir el calor al ambiente para mantener la temperatura de confort.
c) Evacuar el aire del sistema.
d) Controlar el consumo energético.

27. ¿Qué indican los ruidos o "gorgoteos" en un radiador?

a) Que contiene aire en su interior.
b) Que hay exceso de presión.
c) Que la caldera está apagada.
d) Que el agua está sucia.

28. ¿Cuál es la función de los purgadores automáticos?

a) Abrir el paso de agua.
b) Controlar la temperatura del radiador.
c) Regular la presión del sistema.
d) Expulsar el aire automáticamente mediante un flotador.

29. ¿Por qué no debe dejarse una instalación de calefacción sin agua?

a) Para evitar oxidaciones por entrada de aire.
b) Para ahorrar energía.

c) Para enfriar el circuito.
d) Para limpiar los radiadores.

30. ¿Qué tipo de mantenimiento consiste en reparar tras una avería?

a) Correctivo.
b) Preventivo.
c) Predictivo.
d) Condicional.

Solución al test n.º 13

1. a) Enlucido.

2. a) Fluxor.

3. b) Se venden en rollos de 50 metros.

4. d) Luminaria.

5. b) IGA.

6. c) Fenda de heladura.

7. a) Acometida.

8. b) Red horizontal de evacuación.

9. b) Mortero.

10. d) En albañilería.

11. c) Enlucido.

12. c) Pellada.

13. d) Colgar elementos pesados del techo.

14. a) Enfoscado.

15. b) Aguas residuales.

16. a) Policloruro de vinilo.

17. b) PVC.

18. d) Nudos.

19. c) Es el acoplamiento de dos piezas en ángulo.

20. a) La que se desliza verticalmente mediante guías, poleas y contrapesos.

21. a) Negro, marrón y gris.

22. d) Interruptor de control de potencia.

23. d) A la ondulación o cruzado de los dientes.

24. c) Un aparato a presión donde el calor se transforma en utilizable mediante un medio líquido o vapor.

25. b) Rellenar el circuito de agua.

26. b) Transmitir el calor al ambiente para mantener la temperatura de confort.

27. a) Que contiene aire en su interior.

28. d) Expulsar el aire automáticamente mediante un flotador.

29. a) Para evitar oxidaciones por entrada de aire.

30. a) Correctivo.

Averías y reparaciones más frecuentes

1. ¿Para qué sirve un sifón?

a) Para evitar los malos olores.
b) Para cortar el agua.
c) Para evitar escape de agua.
d) Para cerrar el paso al agua del desagüe.

2. Las purgas de aire tratan de:

a) Conocer la presión del agua de la tubería.
b) Conocer la temperatura a la presión de tubería del agua.
c) Insertar las burbujas de aire en las tuberías.
d) Eliminar las burbujas de aire en las tuberías.

3. ¿Qué es lo primero que hay que hacer ante una fuga de agua?

a) Llamar a los bomberos.
b) Poner toallas.
c) Cerrar la llave de paso.
d) Llamar al servicio de limpieza.

4. ¿Qué es lo primero que hay que hacer cuando vamos a proceder a la reparación de un enchufe?

a) Comprobar si tiene tres hilos.
b) Desconectar la corriente.
c) Quitar los tornillos.
d) Comprobar la conexión de los cables.

5. Los fusibles sirven para:

a) Interrumpir la corriente cuando hay sobrecarga.
b) Limitar la fuerza de la corriente.
c) Alumbrar en caso de emergencia.
d) Contabilizar el paso de la corriente.

6. De las siguientes, señala qué tipo de anomalías puede resolver el Personal Subalterno en el caso de que no haya personal de mantenimiento:

a) Grietas estructurales.
b) Rotura de tubería.
c) Apagón general.
d) Escape de agua en los radiadores.

7. ¿Qué evidencias percibiremos cuando exista una avería debida a la conexión defectuosa de la reactancia, que habrá que comprobar, o bien a que la reactancia es inadecuada, por lo que habrá que sustituirla por otra de potencia acorde con el tubo fluorescente?

a) Los bornes zumban produciendo ruido.
b) El tubo no enciende.
c) La luz parpadea.
d) Los extremos del tubo se ponen negros.

8. Las principales anomalías relacionadas con la pintura a las que se puede enfrentar el Personal Subalterno son las siguientes. Señala la respuesta incorrecta:

a) Apariciones de bolsas de aire bajo la pintura y películas de pintura.
b) Falta de adherencia general de la pintura al paramento.
c) Aparición de aureolas y picaduras.
d) Eliminación de barnices o esmaltes usados sobre metales o maderas.

9. Para resolver el problema de las señales de brochazos sobre la pintura es preciso:

a) Lijar la superficie y darle una capa muy fina.
b) Dar varias capas para lograr igualar la superficie.
c) Extender una capa gruesa de pintura.
d) Repasar la pintura cuando aún no está totalmente seca.

10. El Personal Subalterno podrá reparar la rotura de una pieza, o su desajuste, en la carpintería metálica:

a) Cuando se trate de piezas engarzadas.
b) Si existen soldaduras.
c) En piezas con remaches.
d) En piezas que hay que reconstruir.

11. Los malos olores deben detenerse, mediante la limpieza de los sifones al menos una vez cada:

a) Semana.
b) Mes.

c) Seis meses.
d) Año.

12. Una buena defensa contra los golpes son las cantoneras, también conocidas como esquineras, que pueden ir, entre otros:

a) Bajo el nivel.
b) Bajo el revoco.
c) Bajo la esquina.
d) Sobre el revoco.

13. Para reparar un grifo que gotea, señala cuál será el primer paso a realizar:

a) Aflojar la tuerca y la cabeza del grifo.
b) Sacar el cuerpo principal del grifo y proceder a desprender la zapata usada con un cuchillo o destornillador.
c) Volver a colocar el cuerpo del grifo y enroscar las tuercas de la cabeza y de la llave superior.
d) Cerrar la llave de paso y abrir el grifo hasta el máximo.

14. Ante una fuga por goteo o pequeño reventón que se halle en una zona intermedia de una tubería, se debe, en primer lugar:

a) Cortar la misma con una sierra para metales a uno y otro lado de la fuga, a una distancia de unos 2 cm de longitud.
b) Intercalar un racor a presión, comprimiéndolo entre las dos bocas de tubería y ajustándolo mediante el giro opuesto de dos llaves.
c) Desmontar el racor y envolver la rosca en cinta de teflón.
d) Deberá sustituirse el racor por otro nuevo que se instale basándose en compresión.

15. Antes de reparar un desconchado producido por humedad o temperatura elevada, lo primero que se debe hacer es:

a) Aplicar directamente el nuevo revoque.
b) Lijar la superficie y pintar.
c) Tapar con papel de periódico húmedo.
d) Tratar la causa de la humedad o la temperatura.

16. Para garantizar la adherencia del nuevo material en una reparación de desconchados, debe limpiarse la superficie con:

a) Alcohol.
b) Agua.
c) Aceite.
d) Cera.

17. ¿Cuánto tiempo se debe dejar secar el mortero antes de aplicar sobre él otro material?

a) 2 horas.
b) 6 horas.
c) 12 horas.
d) 24 horas.

18. ¿Qué elemento se recomienda colocar para proteger las esquinas de los muros en lugares de mucho tránsito?

a) Masilla.
b) Cantoneras.
c) Papel pintado.
d) Cinta adhesiva.

19. Para tapar un agujero grande en la pared, puede introducirse previamente:

a) Espuma aislante.
b) Papel de aluminio.
c) Cemento seco.
d) Trozos de ladrillo o azulejo.

20. Para desatascar un lavabo con ventosa, lo primero es:

a) Vaciar el agua del lavabo.
b) Tapar el rebosadero y llenar el lavabo de agua.
c) Aplicar un producto químico.
d) Desmontar el sifón.

21. Si un grifo gotea, una de las causas más comunes es:

a) Exceso de presión en el suministro.
b) Falta de lubricante.
c) Mala calidad del agua.
d) Desgaste de la zapata o arandela de goma.

22. Para evitar fugas en las roscas de un grifo, se recomienda utilizar:

a) Cinta de teflón.
b) Papel de lija.
c) Barniz sellador.
d) Silicona líquida.

23. Si una cisterna no deja de llenarse, la causa más probable es:

a) Exceso de presión en la red.
b) Fallo del flotador o su válvula.

c) Tapón en el sifón.
d) Aire en las tuberías.

24. Para descongelar una tubería obstruida por hielo, se debe:

a) Golpear la tubería con un martillo.
b) Cerrar todas las llaves de paso.
c) Añadir sal al agua.
d) Abrir el grifo y aplicar calor desde el extremo más cercano.

25. Un cortocircuito se produce cuando:

a) Dos conductores activos entran en contacto directo.
b) Un conductor está cubierto con demasiada cinta aislante.
c) Hay una caída de tensión en la línea.
d) Se desconecta el fusible general.

26. Un enchufe con chispa o recalentamiento suele deberse a:

a) Falta de aceite en la instalación.
b) Conexiones flojas o mal apretadas.
c) Uso de un cable demasiado grueso.
d) Baja potencia contratada.

27. Las bolsas de aire bajo la pintura suelen deberse a:

a) Falta de humedad en la pared.
b) Uso de pintura en exceso.
c) Aplicación con rodillo nuevo.
d) Pintura semiseca o expuesta al aire.

28. Para evitar las películas elásticas al pintar, se debe:

a) No mezclar la pintura.
b) Filtrar la pintura y limpiar los pinceles.
c) Aplicar más cantidad en cada pasada.
d) Pintar sin remover el producto.

29. La falta de adherencia de la pintura al paramento puede deberse a:

a) Exceso de ventilación.
b) Pintura de buena calidad.
c) Secado prolongado.
d) Pared con residuos o humedad.

30. Las arrugas en la pintura aparecen por:

a) Aplicar capas finas.
b) Exceso de carga en rodillo o poco secado entre capas.
c) Uso de pintura fría.
d) Falta de humedad ambiental.

31. Para evitar las arrugas, la pintura debe aplicarse:

a) En capas finas y dejando secar entre manos.
b) En una sola capa gruesa.
c) A temperatura muy alta.
d) Con pincel seco.

32. El cuarteado de la pintura se debe, entre otras causas, a:

a) Pintura de alta calidad.
b) Uso de rodillo limpio.
c) Poca calidad de la pintura o mala preparación de la superficie.
d) Aplicar muchas capas finas.

33. Los esmaltes sintéticos, lacas o barnices con poliuretano utilizan como disolvente:

a) Agua.
b) Aceite de linaza.
c) White spirit o aguarrás.
d) Alcohol metílico.

34. El uso excesivo de disolvente en la pintura provoca:

a) Secado más rápido.
b) Aparición de aureolas y zonas sin consistencia.
c) Mayor adherencia.
d) Brillo uniforme.

35. Para rellenar una grieta en la madera se usa:

a) Yeso.
b) Cemento.
c) Masilla o pasta para madera.
d) Escayola.

36. La carcoma es:

a) Un hongo de la madera.
b) Un barniz endurecedor.

c) Un tipo de humedad.
d) Un insecto perforador que daña la madera.

37. Los barnices sirven principalmente para:

a) Cambiar el color de la madera.
b) Sellar y proteger la superficie.
c) Suavizar la textura.
d) Quitar manchas.

38. Para lubricar una cerradura se recomienda usar:

a) Aceite vegetal.
b) Agua.
c) Grasa espesa.
d) Polvo de grafito o spray específico.

39. Si la caldera pierde agua por una válvula de seguridad:

a) Es un funcionamiento normal.
b) Debe añadirse más agua.
c) Requiere limpiar los radiadores.
d) Indica sobrepresión en el circuito.

40. En los sistemas de climatización, el mantenimiento preventivo incluye:

a) Revisar y limpiar filtros y conexiones.
b) Pintar las carcasas.
c) Cambiar los enchufes.
d) Engrasar los conductos.

Solución al test n.º 14

1. a) Para evitar los malos olores.

2. d) Eliminar las burbujas de aire en las tuberías.

3. c) Cerrar la llave de paso.

4. b) Desconectar la corriente.

5. a) Interrumpir la corriente cuando hay sobrecarga.

6. d) Escape de agua en los radiadores.

7. a) Los bornes zumban produciendo ruido.

8. d) Eliminación de barnices o esmaltes usados sobre metales o maderas.

9. a) Lijar la superficie y darle una capa muy fina.

10. a) Cuando se trate de piezas engarzadas.

11. c) Seis meses.

12. b) Bajo el revoco.

13. d) Cerrar la llave de paso y abrir el grifo hasta el máximo.

14. a) Cortar la misma con una sierra para metales a uno y otro lado de la fuga, a una distancia de unos 2 cm de longitud.

15. d) Tratar la causa de la humedad o la temperatura.

16. b) Agua.

17. c) 12 horas.

18. b) Cantoneras.

19. d) Trozos de ladrillo o azulejo.

20. b) Tapar el rebosadero y llenar el lavabo de agua.

21. d) Desgaste de la zapata o arandela de goma.

22. a) Cinta de teflón.

23. b) Fallo del flotador o su válvula.

24. d) Abrir el grifo y aplicar calor desde el extremo más cercano.

25. a) Dos conductores activos entran en contacto directo.

26. b) Conexiones flojas o mal apretadas.

27. d) Pintura semiseca o expuesta al aire.

28. b) Filtrar la pintura y limpiar los pinceles.

29. d) Pared con residuos o humedad.

30. b) Exceso de carga en rodillo o poco secado entre capas.

31. a) En capas finas y dejando secar entre manos.

32. c) Poca calidad de la pintura o mala preparación de la superficie.

33. c) White spirit o aguarrás.

34. b) Aparición de aureolas y zonas sin consistencia.

35. c) Masilla o pasta para madera.

36. d) Un insecto perforador que daña la madera.

37. b) Sellar y proteger la superficie.

38. d) Polvo de grafito o spray específico.

39. d) Indica sobrepresión en el circuito.

40. a) Revisar y limpiar filtros y conexiones.

TEST N.º 15

Elementos de Seguridad en el trabajo. Conceptos básicos de la Prevención de Riesgos

1. ¿Qué artículo de la Constitución Española encomienda a los poderes públicos, como uno de los principios rectores de la política social y económica, velar por la seguridad e higiene en el trabajo?

a) El art. 35.
b) El art. 37.1.
c) El art. 40.2.
d) El art. 47.

2. El Estatuto de los Trabajadores en relación al trabajo de menores dispone que:

a) La intervención de los menores de dieciocho años en espectáculos públicos solo se autorizará en casos excepcionales por la autoridad laboral, siempre que no suponga peligro para su salud física ni para su formación profesional y humana; el permiso deberá constar por escrito y para actos determinados.
b) Se prohíbe realizar horas extraordinarias a los menores de dieciocho años.
c) Se prohíbe la admisión al trabajo a los menores de dieciocho años.
d) Todas las respuestas son correctas.

3. En el caso de los trabajadores menores de dieciocho años, el período de descanso tendrá una duración mínima de:

a) Sesenta minutos, y deberá establecerse siempre que la duración de la jornada diaria continuada exceda de cuatro horas y media.
b) Sesenta minutos, y deberá establecerse siempre que la duración de la jornada diaria continuada exceda de seis horas.
c) Treinta minutos, y deberá establecerse siempre que la duración de la jornada diaria continuada exceda de cuatro horas y media.
d) Cuarenta y cinco minutos, y deberá establecerse siempre que la duración de la jornada diaria continuada exceda de cinco horas y media.

4. La duración del descanso semanal de los menores de dieciocho años será, como mínimo, de:

a) Veinticuatro horas ininterrumpidas.
b) Dos días ininterrumpidos.
c) Setenta y dos horas ininterrumpidas.
d) El mismo que el resto de trabajadores.

5. Indica cuál es la definición de prevención:

a) La probabilidad racional de que un riesgo se materialice de forma inminente.
b) El estudio de los procesos potencialmente peligrosos para el trabajo.
c) Conjunto de actividades o medidas adoptadas o previstas en todas las fases de actividad de la empresa con el fin de evitar o disminuir los riesgos derivados del trabajo.
d) Posibilidad de que un trabajador sufra un determinado daño derivado del trabajo.

6. Señala la respuesta incorrecta respecto a la regulación del trabajo de los menores en el Estatuto de los Trabajadores:

a) Se prohíbe realizar horas extraordinarias a los menores de dieciocho años.
b) Se prohíbe la admisión al trabajo a los menores de dieciséis años.
c) Los trabajadores menores de dieciocho años no podrán realizar trabajos nocturnos.
d) La intervención de los menores de dieciséis años en espectáculos públicos solo se autorizará en casos excepcionales por la autoridad laboral, siempre que no suponga peligro para su salud física ni para su formación profesional y humana.

7. A tenor de la Ley de Prevención de Riesgos Laborales, cualquier trabajador que se encuentre total o parcialmente en una zona peligrosa, define el concepto de:

a) Trabajador en peligro.
b) Trabajador expuesto.
c) Trabajador en riesgo.
d) Trabajador imprudente.

8. Cuando los trabajadores estén o puedan estar expuestos a un riesgo grave e inminente, y el empresario no adopte o no permita la adopción de las medidas necesarias para garantizar la seguridad y la salud de los trabajadores, los representantes legales de estos podrán acordar, por mayoría de sus miembros, la paralización de la actividad de los trabajadores afectados por dicho riesgo. Tal acuerdo será comunicado a la empresa y a la autoridad laboral:

a) De inmediato.
b) En el plazo de 24 horas.
c) En el plazo de 48 horas.
d) En el plazo de 72 horas.

9. ¿Cuál es la Ley de Prevención de Riesgos Laborales?

a) La Ley 29/1993, de 15 de noviembre.
b) La Ley 30/1993, de 7 de noviembre.
c) La Ley 31/1995, de 8 de noviembre.
d) La Ley 33/1995, de 11 de noviembre.

10. Respecto a la pregunta anterior, ¿en qué plazo la autoridad laboral anulará o ratificará la paralización acordada por los representantes legales de los trabajadores?

a) De inmediato.
b) En el plazo de 24 horas.
c) En el plazo de 48 horas.
d) En el plazo de 72 horas.

11. ¿Qué se entiende por "riesgo laboral"?

a) La posibilidad de que un trabajador sufra un determinado daño derivado del trabajo.
b) La posibilidad de que un trabajador sufra una enfermedad en el trabajo.
c) La posibilidad de que un trabajador sufra acoso.
d) El riesgo que supone el ir a trabajar.

12. ¿Cómo se denomina la herramienta a través de la cual se integra la actividad preventiva de la empresa en su sistema general de gestión y se establece su política de prevención de riesgos laborales?

a) Dispositivo Laboral de Prevención.
b) Plan contra la siniestralidad laboral.
c) Plan de prevención de riesgos laborales.
d) Acuerdo Laboral de lucha contra la Accidentalidad.

13. Los trabajadores, con arreglo a su formación y siguiendo las instrucciones del empresario, deberán en particular:

a) No poner fuera de funcionamiento y utilizar correctamente los dispositivos de seguridad existentes o que se instalen en los medios relacionados con su actividad o en los lugares de trabajo en los que esta tenga lugar.
b) Cooperar con el empresario para que este pueda garantizar unas condiciones de trabajo que sean seguras y no entrañen riesgos para la seguridad y la salud de los trabajadores.
c) Utilizar correctamente los medios y equipos de protección facilitados por el empresario, de acuerdo con las instrucciones recibidas de este.
d) Todas las respuestas son correctas.

14. Señala cuál de los siguientes no es uno de los principios generales que debe de seguir el empresario al aplicar las medidas que integran el deber general de prevención:

a) Evaluar los riesgos que no se puedan evitar.
b) Combatir los riesgos en su origen.
c) Adoptar medidas que antepongan la protección individual a la colectiva.
d) Tener en cuenta la evolución de la técnica.

15. Según establece el art. 4 de la Ley 31/1995, de 8 de noviembre, de Prevención de Riesgos Laborales, se define como daños derivados del trabajo:

a) La posibilidad de que un trabajador sufra un determinado daño derivado del trabajo.
b) El que resulte probable racionalmente que se materialice en un futuro inmediato y pueda suponer y pueda suponer un daño grave para la salud de los trabajadores.
c) Las enfermedades, patologías o lesiones sufridas con motivo u ocasión del trabajo.
d) Cualquier máquina, aparato, instrumento o instalación utilizada en el trabajo.

16. Cualquier característica del trabajo que pueda tener una influencia significativa en la generación de riesgos para la seguridad y la salud del trabajador, es:

a) Una condición de trabajo.
b) Un factor de riesgo.
c) Un proceso potencialmente peligroso.
d) Una zona peligrosa.

17. Señala la respuesta incorrecta:

a) La Ley de Prevención de Riesgos Laborales se aplica a los operativos de Seguridad civil en casos de catástrofe.
b) La Ley de Prevención de Riesgos Laborales se aplica a las sociedades cooperativas.
c) En el ámbito de la relación laboral de carácter especial del servicio del hogar familiar, las personas trabajadoras tienen derecho a una protección eficaz en materia de seguridad y salud en el trabajo.
d) En los establecimientos penitenciarios, se adaptarán a la Ley de Prevención de Riesgos Laborales aquellas actividades cuyas características justifiquen una regulación especial.

18. El conjunto de medios humanos y materiales necesarios para realizar las actividades preventivas a fin de garantizar la adecuada protección de la seguridad y la salud de los trabajadores, asesorando y asistiendo para ello al empresario, a los trabajadores y a sus representantes y a los órganos de representación especializados, se denomina:

a) Servicios de seguridad.
b) Equipos de seguridad laboral.

c) Servicio de prevención.
d) Equipos de prevención y seguridad en el trabajo.

19. Señala la respuesta incorrecta respecto a las obligaciones del empresario en materia de protección:

a) En cumplimiento del deber de protección, el empresario deberá garantizar la seguridad y la salud de los trabajadores a su servicio en todos los aspectos relacionados con el trabajo.
b) En casos excepcionales el coste de las medidas relativas a seguridad y la salud en el trabajo recaerán sobre los trabajadores.
c) Las acciones del empresario en materia de prevención se complementarán con las obligaciones establecidas para los trabajadores.
d) En el marco de sus responsabilidades, el empresario realizará la prevención de los riesgos laborales mediante la integración de la actividad preventiva en la empresa.

20. Según recoge el artículo 4 de la Ley 31/1995, quedan específicamente incluidas en la definición de condición de trabajo:

a) Las características particulares de los locales, instalaciones, equipos, productos y demás útiles existentes en el centro de trabajo.
b) La naturaleza de los agentes físicos, químicos y biológicos presentes en el ambiente de trabajo y sus correspondientes intensidades, concentraciones o niveles de presencia.
c) Los procedimientos para la utilización de los agentes citados anteriormente que no influyan en la generación de los riesgos mencionados.
d) Todas aquellas otras características del trabajo, excluidas las relativas a su organización y ordenación, que influyan en la magnitud de los riesgos a que esté expuesto el trabajador.

21. ¿Qué empresas, en atención al número de trabajadores y a la naturaleza y peligrosidad de las actividades realizadas, podrán realizar el plan de prevención de riesgos laborales, la evaluación de riesgos y la planificación de la actividad preventiva de forma simplificada?

a) Todas.
b) Las empresas con hasta 50 trabajadores.
c) Las empresas con hasta 70 trabajadores.
d) Las empresas con hasta 75 trabajadores.

22. ¿Qué norma establece las disposiciones mínimas de seguridad y salud relativas a la utilización por los trabajadores de equipos de protección individual?

a) La Ley 31/1995, de 8 de noviembre.
b) El Real Decreto 1215/1997, de 18 de julio.
c) El Real Decreto 773/1997, de 30 de mayo.
d) El Real Decreto 981/1999, de 12 de abril.

23. Señala la respuesta incorrecta:

a) En el momento de cesación de la actividad, las empresas deberán remitir a la autoridad laboral la práctica de los controles del estado de salud de los trabajadores y conclusiones obtenidas de los mismos.

b) El empresario deberá elaborar y conservar a disposición de la autoridad laboral el Plan de prevención de riesgos laborales.

c) El empresario estará obligado a notificar por cualquier medio a la autoridad laboral los daños para la salud de los trabajadores a su servicio que se hubieran producido con motivo del desarrollo de su trabajo, conforme al procedimiento que se determine reglamentariamente.

d) El empresario deberá elaborar y conservar a disposición de la autoridad laboral la relación de accidentes de trabajo y enfermedades profesionales que hayan causado al trabajador una incapacidad laboral superior a un día de trabajo.

24. Para calificar un riesgo desde el punto de vista de su gravedad, se valorarán conjuntamente la severidad del daño y:

a) La probabilidad de que se produzca.
b) La cantidad de trabajadores de la empresa.
c) La existencia o no de equipos individuales de protección.
d) Las condiciones de trabajo.

25. ¿Cuál de los siguientes principios generales de la acción preventiva a aplicar en el trabajo, contenidos en la Ley de Prevención de Riesgos Laborales, es incorrecto?

a) Evaluar los riesgos que no se pueden evitar.
b) Priorizar medidas individuales a las colectivas.
c) Combatir los riesgos en su origen.
d) Tener en cuenta la evolución de la técnica.

26. Señala la respuesta incorrecta respecto a las relaciones de trabajo temporales, de duración determinada y en empresas de trabajo temporal:

a) La empresa de trabajo temporal será responsable del cumplimiento de las obligaciones en materia de formación y vigilancia de la salud.

b) Los trabajadores con relaciones de trabajo temporales o de duración determinada, así como los contratados por empresas de trabajo temporal, deberán disfrutar de mayor nivel de protección en materia de seguridad y salud que los restantes trabajadores de la empresa en la que prestan sus servicios.

c) En las relaciones de trabajo a través de empresas de trabajo temporal la empresa usuaria será responsable de las condiciones de ejecución del trabajo en todo lo relacionado con la protección de la seguridad y la salud de los trabajadores.

d) El empresario adoptará las medidas necesarias para garantizar que, con carácter previo al inicio de su actividad, los trabajadores con relaciones de trabajo temporales o de duración determinada, así como los contratados por empresas de trabajo temporal, reciban información acerca de los riesgos a los que vayan a estar expuestos, en particular en lo relativo a la necesidad de cualificaciones o aptitudes profesionales determinadas.

27. El empresario debe garantizar que cada trabajador reciba formación en materia preventiva. Dicha formación se caracteriza por:

a) Estar impartida dentro de la jornada de trabajo o, si no fuera posible, en otras horas pero con el descuento en aquella del tiempo invertido en la formación.
b) Ser suficiente y adecuada.
c) Estar centrada específicamente en el puesto de trabajo o función de cada trabajado.
d) Todas las respuestas son correctas.

28. ¿Cómo define la Ley 31/1995, de 8 de noviembre a cualquier zona situada en el interior o alrededor de un equipo de trabajo en la que la presencia de un trabajador expuesto entrañe un riesgo para su seguridad o para su salud?

a) Zona de riesgo.
b) Zona peligrosa.
c) Zona conflictiva.
d) Zona de alta exposición.

29. ¿Cómo denomina la Ley 31/1995, de 8 de noviembre a aquellos trabajadores que pueden padecer específicamente riesgos laborales adicionales, como consecuencia de sus propias características personales, su estado biológico conocido, o por tener reconocida una situación de discapacidad física, psíquica o sensorial?

a) Trabajadores especialmente expuestos.
b) Trabajadores en peligro objetivo.
c) Trabajadores en situación de riesgo.
d) Trabajadores especialmente sensibles.

30. Señala la respuesta incorrecta respecto a la vigilancia de la salud:

a) En todo caso se deberá optar por la realización de aquellos reconocimientos o pruebas que causen las menores molestias al trabajador y que sean proporcionales al riesgo.
b) Los resultados de la vigilancia de la salud serán comunicados de oficio a las autoridades sanitarias que lleven a cabo la vigilancia de la salud de los trabajadores y al empresario.
c) El empresario garantizará a los trabajadores a su servicio la vigilancia periódica de su estado de salud en función de los riesgos inherentes al trabajo.
d) Las medidas de vigilancia y control se llevarán a cabo por personal sanitario con competencia técnica, formación y capacidad acreditada.

31. Según el RD 487/1997, la manipulación manual de cargas comprende:

a) Solo las operaciones de levantamiento y transporte de cargas.
b) Cualquier operación de transporte o sujeción de una carga por parte de uno o varios trabajadores.

c) Únicamente el desplazamiento horizontal de cargas mediante fuerza humana.
d) La utilización de medios mecánicos de elevación.

32. La MMC con un peso superior a 25 kg puede considerarse:

a) Un riesgo leve.
b) Un riesgo moderado.
c) Un riesgo aceptable bajo supervisión.
d) Un riesgo no tolerable.

33. El empresario deberá priorizar, según el artículo 3 del RD 487/1997:

a) La rotación de trabajadores para evitar fatiga.
b) La utilización de equipos mecánicos para evitar la manipulación manual.
c) La formación en técnicas de levantamiento sin evaluar riesgos.
d) La delegación del riesgo en el trabajador mediante EPIs.

34. En condiciones ideales, el peso máximo que no debe sobrepasarse es:

a) 30 kg para hombres y 25 kg para mujeres.
b) 25 kg para hombres y 20 kg para mujeres.
c) 20 kg para hombres y 15 kg para mujeres.
d) 35 kg para hombres y 25 kg para mujeres.

35. El riesgo de lesión aumenta cuando se empuja o tracciona una carga:

a) Con las manos a la altura de los nudillos o de los hombros.
b) Con las manos por debajo de los nudillos o por encima de los hombros.
c) A una velocidad constante y con buena postura.
d) Usando calzado de seguridad.

36. El color de seguridad para las señales de advertencia es:

a) El rojo.
b) El azul.
c) El verde.
d) El amarillo o amarillo anaranjado.

37. Las señales de prohibición tendrán forma:

a) Rectangular.
b) De rombo.
c) Redonda.
d) Cuadrada.

38. Se utilizan pictogramas blancos sobre fondo verde para:

a) Señales relativas a los equipos de lucha contra incendios.
b) Señales de salvamento o socorro.
c) Señales de advertencia.
d) Señales de obligación.

39. En relación al uso de señales acústicas de seguridad, es correcto:

a) El uso simultáneo de dos señales acústicas.
b) El uso de una señal acústica cuando el ruido ambiental ya es demasiado intenso.
c) El sonido de una señal de evacuación deberá ser continuo.
d) Si un dispositivo puede emitir señales acústicas con un tono o intensidad variables o intermitentes, o con un tono o intensidad continuos, se utilizarán las segundas para indicar, por contraste con las primeras, un mayor grado de peligro o una mayor urgencia de la acción requerida.

40. En los locales de trabajo, la superficie libre mínima por trabajador es de:

a) 2 metros cuadrados.
b) 3 metros cuadrados.
c) 5 metros cuadrados.
d) 10 metros cuadrados.

41. En los locales de trabajo, la altura mínima de las barandillas es de:

a) 50 cm.
b) 60 cm.
c) 90 cm.
d) 1 metro.

42. Cuando su longitud sea menor que 3 metros, las rampas de los locales de trabajo tendrán una pendiente máxima del:

a) 12 por 100.
b) 10 por 100.
c) 8 por 100.
d) 5 por 100.

43. La altura máxima entre los descansos de las escaleras en los locales de trabajo, será de:

a) 2,20 metros.
b) 2,90 metros.

c) 3,70 metros.
d) 4,50 metros.

44. En relación a las vías y salidas de evacuación es correcto que:

a) Las puertas de emergencia deberán abrirse hacia el interior.
b) Las puertas de emergencia más recomendables son las giratorias y las correderas.
c) Las puertas de emergencia deberán cerrarse con llave.
d) Las puertas situadas en los recorridos de las vías de evacuación se deberán poder abrir en cualquier momento desde el interior sin ayuda especial.

45. La temperatura de los locales donde se realicen trabajos sedentarios propios de oficinas o similares estará comprendida entre:

a) 20 y 24 ºC.
b) 17 y 27 ºC.
c) 14 y 25 ºC.
d) 18 y 20 ºC.

Solución al test n.º 15

1. c) El art. 40.2.

2. b) Se prohíbe realizar horas extraordinarias a los menores de dieciocho años.

3. c) Treinta minutos, y deberá establecerse siempre que la duración de la jornada diaria continuada exceda de cuatro horas y media.

4. b) Dos días ininterrumpidos.

5. c) Conjunto de actividades o medidas adoptadas o previstas en todas las fases de actividad de la empresa con el fin de evitar o disminuir los riesgos derivados del trabajo.

6. b) Se prohíbe la admisión al trabajo a los menores de dieciséis años.

7. b) Trabajador expuesto.

8. a) De inmediato.

9. c) La Ley 31/1995, de 8 de noviembre.

10. b) En el plazo de 24 horas.

11. a) La posibilidad de que un trabajador sufra un determinado daño derivado del trabajo.

12. c) Plan de prevención de riesgos laborales.

13. d) Todas las respuestas son correctas.

14. c) Adoptar medidas que antepongan la protección individual a la colectiva.

15. c) Las enfermedades, patologías o lesiones sufridas con motivo u ocasión del trabajo.

16. a) Una condición de trabajo.

17. a) La Ley de Prevención de Riesgos Laborales se aplica a los operativos de Seguridad civil en casos de catástrofe.

18. c) Servicio de prevención.

19. b) En casos excepcionales el coste de las medidas relativas a seguridad y la salud en el trabajo recaerán sobre los trabajadores.

20. b) La naturaleza de los agentes físicos, químicos y biológicos presentes en el ambiente de trabajo y sus correspondientes intensidades, concentraciones o niveles de presencia.

21. b) Las empresas con hasta 50 trabajadores.

22. c) El Real Decreto 773/1997, de 30 de mayo.

23. c) El empresario estará obligado a notificar por cualquier medio a la autoridad laboral los daños para la salud de los trabajadores a su servicio que se hubieran producido con motivo del desarrollo de su trabajo, conforme al procedimiento que se determine reglamentariamente.

24. a) La probabilidad de que se produzca.

25. b) Priorizar medidas individuales a las colectivas.

26. b) Los trabajadores con relaciones de trabajo temporales o de duración determinada, así como los contratados por empresas de trabajo temporal, deberán disfrutar de mayor nivel de protección en materia de seguridad y salud que los restantes trabajadores de la empresa en la que prestan sus servicios.

27. d) Todas las respuestas son correctas.

28. b) Zona peligrosa.

29. d) Trabajadores especialmente sensibles.

30. b) Los resultados de la vigilancia de la salud serán comunicados de oficio a las autoridades sanitarias que lleven a cabo la vigilancia de la salud de los trabajadores y al empresario.

31. b) Cualquier operación de transporte o sujeción de una carga por parte de uno o varios trabajadores.

32. d) Un riesgo no tolerable.

33. b) La utilización de equipos mecánicos para evitar la manipulación manual.

34. b) 25 kg para hombres y 20 kg para mujeres.

35. b) Con las manos por debajo de los nudillos o por encima de los hombros.

36. d) El amarillo o amarillo anaranjado.

37. c) Redonda.

38. b) Señales de salvamento o socorro.

39. c) El sonido de una señal de evacuación deberá ser continuo.

40. a) 2 metros cuadrados.

41. c) 90 cm.

42. a) 12 por 100.

43. c) 3,70 metros.

44. d) Las puertas situadas en los recorridos de las vías de evacuación se deberán poder abrir en cualquier momento desde el interior sin ayuda especial.

45. b) 17 y 27 ºC.

TEST N.º 16

La atención al público:
la acogida e información al interesado

1. Ateniéndose al artículo 3 de la LPACAP, ¿tienen capacidad de obrar los grupos de afectados?

a) No, la capacidad de obrar es individual.
b) Sí, cuando la ley así lo declare expresamente.
c) Sí, si la ley no lo deniega expresamente.
d) Sí, en cualquier caso.

2. Se consideran interesados en el procedimiento:

a) Quienes lo promuevan, aunque no tengan un interés legítimo ni sean titulares de algún derecho.
b) Aquellos cuyos intereses legítimos, individuales o colectivos, puedan resultar afectados por la resolución aunque haya recaído ya la resolución definitiva.
c) Los que, sin haber iniciado el procedimiento, tengan derechos que puedan resultar afectados por la decisión que en el mismo se adopte.
d) Cualquier persona física o jurídica que ostente capacidad de obrar con arreglo a las normas civiles.

3. Según el artículo 8 de la LPACAP, si durante la instrucción de un procedimiento se advierte la existencia de personas que sean titulares de derechos o intereses legítimos y directos cuya identificación resulte del expediente y que puedan resultar afectados por la resolución que se dicte:

a) Se comunicará a dichas personas la tramitación del procedimiento si éste no ha tenido publicidad.
b) Se suspenderá el procedimiento hasta que se les comunique el estado del procedimiento y se les dé un plazo para presentar alegaciones.

c) Se seguirá adelante con el procedimiento sin más.
d) Se les comunicará y se volverá a iniciar el procedimiento.

4. Puede actuar en representación de otras personas ante las Administraciones Públicas:

a) Cualquier persona física.
b) Cualquier persona jurídica.
c) Cualquier persona física con capacidad de obrar.
d) Cualquier persona.

5. En caso de representación de otras personas ante las Administraciones Públicas, no es necesario acreditar la representación:

a) Para actos de mero trámite.
b) Para formular solicitudes.
c) Para interponer recursos.
d) Para renunciar a derechos en nombre de otra persona.

6. El órgano administrativo podrá conceder un plazo para aportar o subsanar la falta o insuficiente acreditación de la representación teniendo por realizado el acto de que se trate. Dicho plazo, por regla general, es de:

a) 5 días.
b) 10 días.
c) 15 días.
d) 7 días

7. Los poderes que se inscriban en los registros electrónicos generales y particulares de apoderamientos tendrán una validez determinada máxima, a contar desde la fecha de inscripción, de:

a) 3 años.
b) 5 años.
c) 7 años.
d) 10 años.

8. Cuando en una solicitud, escrito o comunicación figure una pluralidad de interesados sin que se haya fijado un representante, o cuál de ellos les representa, las actuaciones a que den lugar se efectuarán:

a) Con todos ellos.
b) Con quien decida el órgano administrativo.
c) Con cualquiera de ellos aleatoriamente.
d) Con el que figure en primer término.

9. La sede electrónica a través de la cual se facilita el acceso a los servicios y procedimientos de las distintas sedes electrónicas de la Administración Pública correspondiente, se conoce en la LPACAP como:

a) Punto general de acceso.
b) Oficina virtual de referencia.
c) Registro general electrónico.
d) Portal-sede.

10. El artículo 53.1 de la LPACAP, reconoce que los interesados en un procedimiento administrativo tienen derecho a formular alegaciones, utilizar los medios de defensa admitidos por el Ordenamiento Jurídico, y a aportar documentos:

a) En cualquier fase del procedimiento.
b) En cualquier fase del procedimiento anterior a la resolución.
c) En cualquier fase del procedimiento anterior al trámite de audiencia.
d) En cualquier momento de la fase de instrucción.

11. En sus relaciones con las Administraciones Públicas, los ciudadanos tienen derecho a:

a) Identificar a las autoridades y al personal al servicio de las Administraciones Públicas bajo cuya responsabilidad se tramiten los procedimientos.
b) Utilizar en todo el territorio nacional cualquiera de las lenguas oficiales del país.
c) Acceder, sin restricciones de ningún tipo, a todos los documentos obrantes en cualquier procedimiento en tramitación.
d) Obtener copia de expedientes en tramitación relacionados con su profesión, aunque no tengan la condición de interesados en ello.

12. Los/as interesados/as tienen derecho a conocer el estado de la tramitación de los procedimientos:

a) En cualquier momento.
b) En cualquier momento anterior al trámite de audiencia.
c) En cualquier momento anterior al trámite de audiencia siempre que acrediten ser titulares de derechos que resulten afectados por la decisión final.
d) En cualquier momento siempre que acrediten ser titulares de intereses que resulten afectados por la decisión final.

13. En caso de que excepcionalmente, en un procedimiento, el interesado deba presentar un documento original, tendrá derecho a:

a) Obtener una copia autenticada del documento original.
b) No desprenderse de él, presentándolo únicamente para que el funcionario correspondiente autentifique una copia con la que se quedará, devolviendo el original al interesado.

c) Recuperarlo en un plazo máximo de 30 días.

d) Ninguna norma puede exigir la presentación de documentos originales.

14. En relación al tipo de comunicación del interesado con la Administración, no es cierto que:

a) Las personas físicas puedan elegir en todo momento si se comunican con las Administraciones Públicas para el ejercicio de sus derechos y obligaciones a través de medios electrónicos o no, salvo que estén obligadas a relacionarse a través de medios electrónicos con las Administraciones Públicas.

b) Las Administraciones puedan establecer la obligación de relacionarse con ellas a través de medios electrónicos para determinados procedimientos y para ciertos colectivos de personas físicas.

c) Las personas jurídicas estén obligadas a relacionarse a través de medios electrónicos con las Administraciones Públicas para la realización de cualquier trámite de un procedimiento administrativo.

d) El medio elegido por la persona para comunicarse con las Administraciones Públicas no puede ser modificado a lo largo del procedimiento.

15. No están obligados a relacionarse a través de medios electrónicos con las Administraciones Públicas para la realización de cualquier trámite de un procedimiento administrativo:

a) Las entidades sin personalidad jurídica.

b) Todo aquel que ostente la representación de un interesado.

c) Quienes ejerzan una actividad profesional para la que se requiera colegiación obligatoria, para los trámites y actuaciones que realicen con las Administraciones Públicas en ejercicio de dicha actividad profesional.

d) Las personas jurídicas.

16. Según el artículo 15 de la LPACAP, la lengua de los procedimientos tramitados por la Administración General del Estado será:

a) Cualquiera de las lenguas oficiales existentes en España que elija el interesado.

b) La que requiera el instructor del procedimiento.

c) El castellano.

d) Dependiendo de la Comunidad Autónoma donde se instruya el procedimiento, cualquier lengua oficial en ella.

17. En las disposiciones de creación de registros electrónicos no es necesario especificar:

a) Los días declarados como inhábiles.

b) La caducidad del registro.

c) El órgano o unidad responsable de su gestión.

d) La fecha y hora oficial.

18. El proceso tecnológico que permite convertir un documento en soporte papel o en otro soporte no electrónico en un fichero electrónico que contiene la imagen codificada, fiel e íntegra del documento, se conoce en la LPACAP como:

a) Automatización.
b) Fotocopiado.
c) Autenticación.
d) Digitalización.

19. Aquellos documentos e información cuyo régimen especial establezca una forma de presentación en el registro distinta a la que se haya utilizado:

a) No se tendrán por presentados.
b) Paralizarán el procedimiento hasta que sean presentados reglamentariamente.
c) Sólo producirán efectos si el instructor ve necesaria su inclusión.
d) Se tendrán por presentados pero no podrán generar derechos.

20. En relación a los documentos aportados por los interesados al procedimiento administrativo, no es cierto que:

a) Además de los documentos exigidos por las Administraciones Públicas, los interesados podrán aportar cualquier otro documento que estimen conveniente.
b) Los interesados se responsabilizarán de la veracidad de los documentos que presenten.
c) Las copias que aporten los interesados al procedimiento administrativo tendrán eficacia, exclusivamente en el ámbito de la actividad de las Administraciones Públicas.
d) Los interesados únicamente deberán aportar al procedimiento administrativo los datos y documentos exigidos por las Administraciones Públicas.

21. El funcionamiento del registro electrónico:

a) Permitirá la presentación de documentos todos los días hábiles del año durante la jornada laboral de su personal.
b) El inicio del cómputo de los plazos que hayan de cumplir las Administraciones Públicas vendrá determinado por la fecha y hora de presentación en el registro electrónico de cada Administración u Organismo.
c) Los documentos se considerarán presentados por el orden de hora efectiva en el que fueron aceptados por el funcionario habilitado al efecto.
d) El registro electrónico de cualquier Administración u Organismo se regirá a efectos de cómputo de los plazos, por la fecha y hora oficial indicada por el Central European Time.

22. ¿Qué calendario de días inhábiles se aplicará en los registros electrónicos a efectos del cómputo de plazos?

a) El que se publique al efecto en el Boletín Oficial del Estado para todos los registros.
b) El que se publique al efecto en el boletín oficial de la Comunidad Autónoma para todos los registros ubicados en ella.

c) El que determine la sede electrónica del registro de cada Administración Pública u Organismo.

d) El que determine la sede electrónica del ayuntamiento en cuyo municipio se ubique el registro.

23. En relación a los documentos electrónicos administrativos, no es cierto que:

a) Para ser considerados válidos, los documentos electrónicos administrativos deberán disponer de los datos de identificación que permitan su individualización, sin perjuicio de su posible incorporación a un expediente electrónico.

b) A menos que su naturaleza exija otra forma más adecuada de expresión y constancia, las Administraciones Públicas emitirán los documentos administrativos por escrito, a través de medios electrónicos.

c) Los documentos electrónicos emitidos por las Administraciones Públicas que se publiquen con carácter meramente informativo requieren firma electrónica para ser considerados documentos administrativos.

d) Cualquier documento electrónico emitido por una Administración Pública requerirá que se identifique su origen aunque no forme parte de un expediente administrativo.

24. ¿Cuál de las siguientes afirmaciones en relación a la autenticación de copias, es cierta?

a) Las copias auténticas tienen la misma validez que los documentos originales pero distinta eficacia.

b) Las copias auténticas de documentos privados no pueden surtir efectos administrativos.

c) Las copias auténticas realizadas por una Administración Pública sólo tienen validez en su ámbito funcional.

d) Los interesados podrán solicitar, en cualquier momento, la expedición de copias auténticas de los documentos públicos administrativos que hayan sido válidamente emitidos por las Administraciones Públicas.

25. La comparecencia de las personas ante las oficinas públicas, ya sea presencialmente o por medios electrónicos, será obligatoria:

a) Sólo cuando así esté previsto en una norma con rango de ley.
b) Cuando así lo requiera el órgano competente para dictar la resolución.
c) Cuando el procedimiento se inicie a solicitud del interesado.
d) En ningún caso, ya que la comparecencia siempre ha de ser voluntaria.

26. Según la LPACAP, la comparecencia de los ciudadanos ante las oficinas públicas:

a) Será potestativa para el ciudadano en todo caso.
b) Será obligatoria cuando así lo acuerde el instructor del procedimiento.
c) Será obligatoria cuando esté previsto en una norma con rango de ley.
d) Será obligatoria en todo caso.

27. Cuando los plazos se señalen por horas:

a) Se entenderá siempre que éstas son hábiles.
b) Los plazos se contarán de hora en hora y de minuto en minuto desde la hora y minuto en que tenga lugar la notificación o publicación del acto de que se trate.
c) Son hábiles las horas del día que formen parte de la jornada laboral de un día hábil.
d) Las Administraciones Públicas no pueden fijar plazos de horas.

28. En el cómputo de días hábiles no se excluyen, por regla general:

a) Los domingos.
b) Los días declarados festivos.
c) Los sábados.
d) Los días en que haya declarada una huelga general del personal de la Administración Pública correspondiente.

29. Señala a partir de cuándo se computan los plazos fijados en meses o en años:

a) El mismo día de notificación o publicación del acto del que se trate.
b) El día siguiente a aquél en que tiene lugar la notificación o publicación del acto del que se trate.
c) El día que el interesado realice una acción que denote que tenía conocimiento del acto de que se trate.
d) Tres meses después a aquél en que se produzca la estimación o desestimación por silencio administrativo.

30. Es una norma general de los plazos, según la LPACAP:

a) Cuando un día fuese hábil en el municipio o Comunidad Autónoma en que residiese el interesado, e inhábil en la sede del órgano administrativo, o a la inversa, se considerará inhábil en el primer caso pero no en el segundo.
b) Cuando el último día del plazo sea inhábil, se entenderá prorrogado al primer día hábil siguiente.
c) La declaración de un día como hábil o inhábil a efectos de cómputo de plazos determina por sí sola el funcionamiento de los centros de trabajo de las Administraciones Públicas, la organización del tiempo de trabajo y el régimen de jornada y horarios de las mismas.
d) El calendario de días inhábiles a efectos de cómputos de plazos de la Administración General del Estado y de las Administraciones de las Comunidades Autónomas deberá publicarse antes del comienzo de cada año en el Boletín Oficial del Estado.

31. La Administración podrá conceder una ampliación de los plazos establecidos que no podrá exceder de:

a) Un tercio del plazo inicialmente establecido.
b) La mitad del plazo inicialmente establecido.

c) Otro tanto del plazo inicialmente establecido.

d) El doble del plazo inicialmente establecido.

32. Para que una Administración pueda conceder una ampliación de los plazos establecidos es necesario que:

a) Los plazos objeto de ampliación ya hubieran vencido.

b) La ampliación se dicte a solicitud de los interesados.

c) Se notifique a los terceros que puedan ser perjudicados en sus derechos.

d) Las circunstancias lo aconsejen.

33. En relación al expediente administrativo, no es cierto que:

a) Los expedientes deban tener formato electrónico.

b) Deba constar en el expediente copia electrónica certificada de la resolución adoptada.

c) Los juicios de valor emitidos por las Administraciones Públicas siempre deban formar parte del expediente.

d) Cuando se remita deba contener un índice numerado de todos los documentos que contenga.

34. A menos que su naturaleza exija otra forma más adecuada de expresión y constancia, los actos administrativos se producirán:

a) Por escrito a través de medios electrónicos.

b) Oralmente.

c) Por escrito en papel.

d) Oralmente a través de medios electrónicos.

35. Se define como "dirección electrónica disponible para los ciudadanos a través de redes de telecomunicaciones cuya titularidad, gestión y administración corresponde a una Administración Pública, órgano o entidad administrativa en el ejercicio de sus competencias":

a) Sede electrónica.

b) Administración electrónica.

c) Página web de una Administración Pública.

d) Estándar abierto.

36. Cuando los interesados se correspondan con colectivos de personas físicas que por razón de su capacidad económica o técnica, dedicación profesional u otros motivos acreditados tengan garantizado el acceso y disponibilidad de los medios tecnológicos precisos:

a) Estarán obligados a utilizar siempre medios electrónicos para comunicarse con la Administración.

b) Podrán elegir el medio con el que comunicarse con la Administración.

c) Las Administraciones Públicas podrán establecer reglamentariamente la obligato-riedad de comunicarse con ellas utilizando sólo medios electrónicos.

d) Tendrán las mismas obligaciones que cualquier persona física en su relación con la Administración.

37. Según el artículo 41.1 de la LRJSP, se entiende por actuación administrativa automatizada:

a) Cualquier acto o actuación realizada íntegramente a través de medios electrónicos por una Administración Pública en el marco de un procedimiento administrativo y en la que no haya intervenido de forma directa un empleado público.

b) Cualquier acto o actuación realizada al menos en parte a través de medios electró-nicos por una Administración Pública en el marco de un procedimiento administrativo y en la que no haya intervenido de forma directa un empleado público.

c) Cualquier acto o actuación realizada íntegramente a través de medios electrónicos por una Administración Pública en el marco de un procedimiento administrativo y en la que haya intervenido de forma directa un empleado público.

d) Cualquier acto o actuación realizada al menos en parte a través de medios electró-nicos por una Administración Pública en el marco de un procedimiento administrativo y en la que haya intervenido de forma directa un empleado público.

38. En relación con la firma electrónica del personal al servicio de las Administra-ciones Públicas, es cierto que:

a) En ningún caso, los sistemas de firma electrónica podrán referirse solo el número de identificación profesional del empleado público.

b) La actuación de una Administración Pública, órgano, organismo público o entidad de derecho público, cuando utilice medios electrónicos, se realizará mediante firma elec-trónica del titular del órgano o empleado público.

c) Cada Administración Pública determinará los sistemas de firma electrónica que debe utilizar su personal, los cuales deberán identificar de forma separada al titular del puesto de trabajo o cargo y a la Administración u órgano en la que presta sus servicios.

d) Con el fin de favorecer la interoperabilidad y posibilitar la verificación automáti-ca de la firma electrónica de los documentos electrónicos, cuando una Administración utilice sistemas de firma electrónica distintos de aquellos basados en certificado elec-trónico reconocido o cualificado, para remitir o poner a disposición de otros órganos, organismos públicos, entidades de Derecho Público o Administraciones la documenta-ción firmada electrónicamente, deberá superponer un sello electrónico basado en un certificado electrónico reconocido.

39. ¿Pueden las Administraciones Públicas establecer la obligación de relacio-narse con ellas a través de medios electrónicos a otros colectivos distintos de los que la LPACAP menciona expresamente en su artículo 14.2?

a) No, solo podrá obligarse a los mencionados en dicho artículo.

b) También están obligados los colectivos de personas físicas que por su capacidad económica tengan acceso a los medios electrónicos necesarios.

c) Sí, para determinados procedimientos, si así se recoge expresamente en una ley.

d) Sí, podrá obligarse reglamentariamente para determinados procedimientos y para ciertos colectivos de personas físicas que, por razón de su capacidad económica, técnica, dedicación profesional u otros motivos quede acreditado que tienen acceso y disponibilidad de los medios electrónicos necesarios.

40. Conforme al artículo 2 del RD 203/2021, entenderemos el principio de accesibilidad como:

a) El conjunto de principios y técnicas que se deben respetar al diseñar, construir, mantener y actualizar los servicios electrónicos para garantizar la igualdad y la no discriminación en el acceso de las personas usuarias.

b) Determinar que el diseño de los servicios electrónicos esté centrado en las personas usuarias, de forma que se minimice el grado de conocimiento necesario para el uso del servicio.

c) La capacidad de los sistemas de información y, por ende, de los procedimientos a los que éstos dan soporte, de compartir datos y posibilitar el intercambio de información entre ellos.

d) La capacidad de las Administraciones Públicas para que, partiendo del conocimiento adquirido del usuario final del servicio, proporcione servicios precumplimentados y se anticipe a las posibles necesidades de los mismos.

Solución al test n.º 16

1. b) Sí, cuando la ley así lo declare expresamente.

2. c) Los que, sin haber iniciado el procedimiento, tengan derechos que puedan resultar afectados por la decisión que en el mismo se adopte.

3. a) Se comunicará a dichas personas la tramitación del procedimiento si éste no ha tenido publicidad.

4. c) Cualquier persona física con capacidad de obrar.

5. a) Para actos de mero trámite.

6. b) 10 días.

7. b) 5 años.

8. d) Con el que figure en primer término.

9. a) Punto general de acceso.

10. c) En cualquier fase del procedimiento anterior al trámite de audiencia.

11. a) Identificar a las autoridades y al personal al servicio de las Administraciones Públicas bajo cuya responsabilidad se tramiten los procedimientos.

12. a) En cualquier momento.

13. a) Obtener una copia autenticada del documento original.

14. d) El medio elegido por la persona para comunicarse con las Administraciones Públicas no puede ser modificado a lo largo del procedimiento.

15. b) Todo aquel que ostente la representación de un interesado.

16. c) El castellano.

17. b) La caducidad del registro.

18. d) Digitalización.

19. a) No se tendrán por presentados.

20. d) Los interesados únicamente deberán aportar al procedimiento administrativo los datos y documentos exigidos por las Administraciones Públicas.

21. b) El inicio del cómputo de los plazos que hayan de cumplir las Administraciones Públicas vendrá determinado por la fecha y hora de presentación en el registro electrónico de cada Administración u Organismo.

22. c) El que determine la sede electrónica del registro de cada Administración Pública u Organismo.

23. c) Los documentos electrónicos emitidos por las Administraciones Públicas que se publiquen con carácter meramente informativo requieren firma electrónica para ser considerados documentos administrativos.

24. d) Los interesados podrán solicitar, en cualquier momento, la expedición de copias auténticas de los documentos públicos administrativos que hayan sido válidamente emitidos por las Administraciones Públicas.

25. a) Sólo cuando así esté previsto en una norma con rango de ley.

26. c) Será obligatoria cuando esté previsto en una norma con rango de ley.

27. b) Los plazos se contarán de hora en hora y de minuto en minuto desde la hora y minuto en que tenga lugar la notificación o publicación del acto de que se trate.

28. d) Los días en que haya declarada una huelga general del personal de la Administración Pública correspondiente.

29. b) El día siguiente a aquél en que tiene lugar la notificación o publicación del acto del que se trate.

30. b) Cuando el último día del plazo sea inhábil, se entenderá prorrogado al primer día hábil siguiente.

31. b) La mitad del plazo inicialmente establecido.

32. d) Las circunstancias lo aconsejen.

33. c) Los juicios de valor emitidos por las Administraciones Públicas siempre deban formar parte del expediente.

34. a) Por escrito a través de medios electrónicos.

35. a) Sede electrónica.

36. c) Las Administraciones Públicas podrán establecer reglamentariamente la obligatoriedad de comunicarse con ellas utilizando sólo medios electrónicos.

37. a) Cualquier acto o actuación realizada íntegramente a través de medios electrónicos por una Administración Pública en el marco de un procedimiento administrativo y en la que no haya intervenido de forma directa un empleado público.

38. b) La actuación de una Administración Pública, órgano, organismo público o entidad de derecho público, cuando utilice medios electrónicos, se realizará mediante firma electrónica del titular del órgano o empleado público.

39. d) Sí, podrá obligarse reglamentariamente para determinados procedimientos y para ciertos colectivos de personas físicas que, por razón de su capacidad económica, técnica, dedicación profesional u otros motivos quede acreditado que tienen acceso y disponibilidad de los medios electrónicos necesarios.

40. a) El conjunto de principios y técnicas que se deben respetar al diseñar, construir, mantener y actualizar los servicios electrónicos para garantizar la igualdad y la no discriminación en el acceso de las personas usuarias.

TEST N.º 17

Útiles, herramientas, materiales y maquinaria empleados en los distintos oficios

1. Para hacer un taladro en la pared utilizaremos la broca de:

a) Hierro.
b) Widia.
c) Galvanizado.
d) Plomo.

2. Para extender masas de revoque y enlucidos, ¿qué herramienta de las siguientes utilizaremos?

a) Cincel.
b) Pisón.
c) Escaravel.
d) Llana.

3. La herramienta de mango largo con una cabeza cuadrada y otra achatada se llama:

a) Pala.
b) Regla.
c) Piqueta.
d) Maza.

4. Un instrumento con las cerdas dispuestas de forma plana, casi rectangular, se denomina:

a) Paletina.
b) Brocha.
c) Pincel.
d) Pincelillo.

5. El lijado de la madera:

a) Se realiza en el sentido de la veta.
b) Se realiza en el sentido contrario a la veta.
c) Se realiza en círculos.
d) Se realiza en el sentido de la veta y en el contrario dependiendo de si es en el exterior o en el interior.

6. Los martillos aplicados a la construcción de albañilería se llaman:

a) Piquetas.
b) Mazas y/o macetas.
c) Cortafríos.
d) Punzones.

7. ¿Qué otro nombre recibe la artesa?

a) Falsón.
b) Gobanilla.
c) Espuerta.
d) Cuezo o gaveta.

8. El recipiente usado para amasar materiales de construcción es:

a) La artesa.
b) El carrillo.
c) La criba.
d) La espuerta.

9. ¿Cuál de estos materiales es el empleado por el pintor para diluir la pintura?

a) Aceite.
b) Disolvente.
c) Lejía.
d) Gasóleo.

10. ¿Cuál de los siguientes tipos de yesos se emplea para enlucir las paredes?

a) Yeso blanco.
b) Escayola.
c) Yeso hidráulico.
d) Yeso negro.

11. Para fijar una lámpara en un falso techo, ¿qué tipo de taco utilizarías?

a) Taco de plástico.
b) Taco de clavar.

c) Taco vuelco.
d) Taco químico.

12. Tenemos que realizar un chapado y nos entregan una piedra abujardada. ¿A cuál de las siguientes definiciones corresponde abujardado?

a) Incisiones alargadas y paralelas con pica o puntero.
b) Alisado final con una lija o rascador.
c) Tratamiento con llana sobre superficie.
d) Golpes en la piedra lisa con un martillo con una cabeza provista de pequeños dientes piramidales. Confiere un acabado rugoso.

13. No es una herramienta de picado:

a) La piqueta.
b) El cincel.
c) El fratás.
d) El pico.

14. Para ajustar y sujetar tubos de fontanería emplearemos:

a) La llave allen.
b) La llave inglesa.
c) La llave grifa.
d) La llave escuadra.

15. A la llave ajustable también se le conoce como:

a) Llave allen.
b) Llave inglesa.
c) Llave de cadena.
d) Llave fija.

16. El carpintero, para efectuar cortes de ángulos de 45 y 90 grados, utilizará:

a) El granete.
b) El tornillo de banco.
c) La caja ingletador.
d) La escofina.

17. ¿Qué clase de tablero se fabrica a partir de virutas de madera encoladas con resinas sintéticas?

a) Tablero de okumé.
b) Tablero de ébano.
c) Chapón marino.
d) Tablero de aglomerado.

18. Para hacer rebajes y agujeros se emplea:

a) La garlopa.
b) El formón.
c) Los sargentos.
d) El serrucho.

19. La sierra de calar se denomina también:

a) Sierra de costilla.
b) Sierra de vaivén.
c) Sierra circular.
d) Sierra de escuadra.

20. ¿Qué herramienta es un útil de apriete?

a) La espátula.
b) Los sargentos.
c) Las tenazas.
d) Los cuchillos.

21. La herramienta que se utiliza solo para hacer pequeños agujeros en madera o para iniciar el atornillado de un tirafondo se llama:

a) Rebajadora.
b) Barrena.
c) Fresadora.
d) Desbastadora.

22. Los formones con hoja de sección curva reciben el nombre de:

a) Gubia.
b) Escoplo.
c) Escantillón.
d) Cartabón.

23. ¿Qué es un guillame?

a) Es un útil para golpear.
b) Es un cepillo estrecho cuya hoja tiene la misma anchura que la base.
c) Es un serrucho con hojas recambiables.
d) Es un gato para el encolado de cantos.

24. La herramienta idónea para apretar y desmontar tuercas es:

a) Aboquinador.
b) Ensanchador.

c) Alicates.
d) Llaves.

25. Si estamos utilizando pintura plástica, para su disolución y limpieza de los utensilios emplearemos:

a) Aguarrás.
b) Agua.
c) Aceite.
d) Decapante.

26. Para eliminar un barniz en la madera se utiliza:

a) Agua con lejía.
b) Jabón y agua.
c) Decapante.
d) Desengrasante.

27. Útil generalmente de madera con dos lados bordeados sujetados de forma horizontal; esta superficie tiene un mango para sujetar con la mano. Con este útil podemos transportar morteros y demás masas y se llama:

a) Artesa.
b) Esparavel.
c) Llana.
d) Bujarda.

28. ¿Qué tipo de ladrillo es el más utilizado a la hora de realizar una fábrica cara vista?

a) Hueco.
b) Macizo.
c) Cara vista.
d) Perforado.

29. ¿Cómo se llama la herramienta que permite saber si hay tensión entre el conductor y la tierra?

a) Polímetro.
b) Tensiómetro.
c) Buscapolos.
d) Vástago.

30. Como norma general las cerraduras se diferencian entre sí, principalmente en…(señala la respuesta incorrecta):

a) La profundidad y en la altura de la caja del mecanismo.
b) La medida de los orificios para los tornillos de sujeción.
c) En la distancia del eje de giro de la llave hasta la chapa soporte.
d) La cerradura de sobreponer.

31. Se caracteriza porque en lugar de abrazar la tuerca, entra en la ranura de la cabeza que lleva el tornillo. Su cara es hexagonal y es conocida también con el nombre de llave hexagonal de interiores:

a) Llave Grip.
b) Llave Dullan.
c) Llave Allen.
d) Llave de tubo.

32. ¿Cómo identificará una llave Dullan?

a) Se trata de una llave cerrada.
b) Su cara es hexagonal.
c) Tiene un mecanismo de mordazas.
d) Es la combinación de alicate y llave graduable.

33. ¿Qué uso tiene la herramienta llamada Paicker?

a) Corta (marca) cristales.
b) Corta metales.
c) Sujeta piezas.
d) Corta aluminio.

34. En las reparaciones de albañilería, la herramienta que seleccionaremos para trabajos de acabado será:

a) Cortafrío.
b) Puntero.
c) Maceta.
d) Cincel.

35. Como característica de una buena paleta podríamos hacer alusión a la:

a) Largura del mango.
b) Anchura de la hoja.
c) Forma de la punta de la hoja.
d) Rigidez de la hoja.

Solución al test n.º 17

1. b) Widia.

2. d) Llana.

3. c) Piqueta.

4. a) Paletina.

5. a) Se realiza en el sentido de la veta.

6. b) Mazas y/o macetas.

7. d) Cuezo o gaveta.

8. a) La artesa

9. b) Disolvente.

10. a) Yeso blanco.

11. c) Taco vuelco.

12. d) Golpes en la piedra lisa con un martillo con una cabeza provista de pequeños dientes piramidales. Confiere un acabado rugoso.

13. c) El fratás.

14. c) La llave grifa.

15. b) Llave inglesa.

16. c) La caja ingletadora.

17. d) Tablero de aglomerado.

18. b) El formón.

19. b) Sierra de vaivén.

20. b) Los sargentos.

21. b) Barrena.

22. a) Gubia.

23. b) Es un cepillo estrecho cuya hoja tiene la misma anchura que la base.

24. d) Llaves.

25. b) Agua.

26. c) Decapante.

27. b) Esparavel.

28. d) Perforado.

29. c) Buscapolos.

30. d) La cerradura de sobreponer.

31. c) Llave Allen.

32. d) Es la combinación de alicate y llave graduable.

33. b) Corta metales.

34. d) Cincel.

35. d) Rigidez de la hoja.

Conceptos básicos de los planes de emergencias.
Obligaciones del empleado

1. Ante la declaración de un conato de incendio, ¿cómo debe proceder el Subalterno?

a) Comunicarlo directamente al Jefe superior.
b) Intentará apagarlo y si no es posible, comunicarlo directamente al Jefe Superior.
c) Intentará apagarlo y si no es posible, comunicarlo directamente a los Bomberos.
d) Ninguna de las anteriores respuestas es correcta.

2. El plan de autoprotección deberá ser elaborado por:

a) Un técnico superior en prevención de riesgos laborales.
b) Un técnico intermedio en prevención de riesgos laborales.
c) Un técnico competente capacitado para dictaminar sobre aquellos aspectos relacionados con la autoprotección frente a los riesgos a los que esté sujeta la actividad.
d) El empresario.

3. El responsable de la elaboración, implantación, mantenimiento y revisión de los planes de autoprotección es:

a) El Instituto Nacional de Seguridad y Salud en el Trabajo.
b) El técnico superior en prevención de riesgos laborales.
c) El titular de la actividad.
d) La Autoridad Laboral competente en seguridad y salud.

4. Al sistema de acciones y medidas encaminadas a prevenir y controlar los riesgos sobre las personas y los bienes, a dar respuesta adecuada a las posibles situaciones de emergencia y a garantizar la integración de estas actuaciones con el sistema público de protección civil, se le denomina:

a) Prevención.
b) Autoprotección.
c) Previsión.
d) Reacción.

5. El documento perteneciente al plan de autoprotección en el que se compila el conjunto de medidas de prevención-protección previstas y/o implantadas, así como la secuencia de actuaciones a realizar ante la aparición de un siniestro, es:

a) La evaluación de riesgos.
b) El Plan de prevención.
c) El Plan de emergencias.
d) El libro de Auxilio.

6. El plan de autoprotección se recoge en:

a) Soporte informático necesariamente.
b) El archivo común existente en la Unidad de Protección Civil de la Delegación de Gobierno.
c) No hay ninguna previsión normativa al respecto.
d) Un documento único con diferentes partes y anexos.

7. No forma parte de la estructura del plan de autoprotección:

a) La identificación de los titulares y el emplazamiento de la actividad.
b) El coste de la implantación del plan.
c) El inventario, análisis y evaluación de riesgos.
d) El plan de actuación ante emergencias.

8. Respecto de los criterios mínimos que deben observarse en la elaboración de un plan de protección, no se encuentra:

a) Se designará, por parte del titular de la actividad, una persona como responsable única para la gestión de las actuaciones encaminadas a la prevención y el control de riesgos.
b) Se establecerá una estructura organizativa y jerarquizada, dentro de la organización y personal existente, fijando las funciones y responsabilidades de todos sus miembros en situaciones de emergencia.
c) Se designará, por parte de la autoridad autonómica, un órgano colegiado responsable único, con autoridad y capacidad de gestión, que será el órgano de dirección del Plan de Actuación en Emergencias.
d) El Plan de Actuación en Emergencias debe detallar los posibles accidentes o sucesos que pudieran dar lugar a una emergencia y los relacionará con las correspondientes situaciones de emergencia establecidas en el mismo, así como los procedimientos de actuación a aplicar en cada caso.

9. No será un objetivo para la realización de los simulacros la verificación y comprobación:

a) La eficacia de la organización de respuesta ante una emergencia.
b) La capacitación del personal adscrito a la organización de respuesta.

c) La suficiencia e idoneidad de los medios y recursos asignados.

d) El especial entrenamiento del titular de la actividad (no tanto del resto del personal de la actividad) en la respuesta frente a una emergencia.

10. La vigencia del plan de autoprotección será:

a) De cinco años.
b) De tres años.
c) Indeterminada.
d) De un año.

11. Señala la opción incorrecta. Se entiende como autoprotección al sistema de acciones y medidas encaminadas a:

a) Prevenir y controlar los riesgos sobre las personas y los bienes.
b) Dar respuesta adecuada a las posibles situaciones de emergencia.
c) Garantizar la integración de estas actuaciones con el sistema público de protección civil.
d) Formar al personal sobre el desempeño de sus funciones.

12. La Norma Básica de Autoprotección es de aplicación a establecimientos de usos sanitarios en los que se prestan cuidados médicos en régimen de hospitalización y/o tratamiento intensivo o quirúrgico, con una disponibilidad igual o superior a partir de:

a) 200 camas.
b) 500 camas.
c) 1000 camas.
d) 2000 camas.

13. La Norma Básica de Autoprotección es de aplicación a cualquier establecimiento de uso docente que disponga de una altura de evacuación igual o superior a partir de:

a) 15 metros.
b) 22 metros.
c) 28 metros.
d) 36 metros.

14. La Norma Básica de Autoprotección es de aplicación a cualquier establecimiento de uso residencial público que disponga de una ocupación igual o superior a partir de:

a) 500 personas.
b) 1000 personas.
c) 1500 personas.
d) 2000 personas.

15. La Norma Básica de Autoprotección es de aplicación a todas aquellas actividades desarrolladas al aire libre con un número de asistentes previsto igual o superior a partir de:

a) 10.000 personas.
b) 20.000 personas.
c) 25.000 personas.
d) 32.000 personas.

16. La Norma Básica de Autoprotección es de aplicación a instalaciones cerradas desmontables o de temporada con capacidad igual o superior a partir de:

a) 1.500 personas.
b) 2.500 personas.
c) 3.000 personas.
d) 4.000 personas.

17. Señalar la opción incorrecta. El Plan de Autoprotección aborda:

a) La identificación y evaluación de los riesgos.
b) Las acciones y medidas necesarias para la prevención y control de riesgos.
c) La conflictividad laboral de los trabajadores de la empresa.
d) Las medidas de protección y otras actuaciones a adoptar en caso de emergencia.

18. El director del Plan de Actuación en Emergencias será designado por:

a) El titular de la actividad.
b) El Servicio de Prevención.
c) El Comité de Seguridad y Salud.
d) La autoridad laboral territorial.

19. ¿Quién es el responsable de activar el Plan de Actuación en Emergencias?

a) El titular de la actividad, si es una persona física, o la persona que le represente si es una persona jurídica.
b) La autoridad competente de Protección Civil.
c) El Delegado de Prevención.
d) El Director del propio Plan de Actuación en Emergencias.

20. A efectos de la Norma Básica de Autoprotección, se entiende por alarma:

a) El aviso o señal por la que se informa a las personas para que sigan instrucciones específicas ante una situación de emergencia.
b) El conjunto de operaciones o tareas que puedan dar origen a accidentes o sucesos que generen situaciones de emergencia.

c) La situación declarada con el fin de tomar precauciones específicas debido a la probable y cercana ocurrencia de un suceso o accidente.

d) La respuesta a la emergencia, para proteger y socorrer a las personas y los bienes.

21. A efectos de la Norma Básica de Autoprotección, la probabilidad de que se produzca un efecto dañino específico en un periodo de tiempo determinado o en circunstancias determinadas, se denomina:

a) Riesgo.
b) Peligro.
c) Alerta.
d) Precaución.

22. La medida de protección de las personas, tras un accidente, que consiste en permanecer dentro de un espacio interior protegido y aislado del exterior, se denomina:

a) Confinamiento.
b) Evacuación.
c) Aislamiento.
d) Hermetismo.

23. La concatenación de efectos causantes de riesgo que multiplican las consecuencias, debido a que los fenómenos peligrosos pueden afectar, además de los elementos vulnerables exteriores, otros recipientes, tuberías, equipos o instalaciones del mismo establecimiento o de otros próximos, de tal manera que a su vez provoquen nuevos fenómenos peligrosos, se llama:

a) Efecto mariposa.
b) Efecto Doppler.
c) Multiefecto.
d) Efecto dominó.

24. A efectos de la Norma Básica de Autoprotección, al máximo número de personas que puede contener un edificio, espacio, establecimiento, recinto, instalación o dependencia, en función de la actividad o uso que en él se desarrolle, se le llama:

a) Aforo.
b) Volumen.
c) Ocupación.
d) Saturación.

25. A efectos de la Norma Básica de Autoprotección, a la vuelta a la normalidad y reanudación de la actividad, se le denomina:

a) Reingreso.
b) Rehabilitación.

c) Normalización.
d) Superación.

26. A efectos de la Norma Básica de Autoprotección, riesgo es:

a) Elemento natural o técnico cuya función habitual no está asociada a las tareas de autoprotección y cuya disponibilidad hace posible o mejora las labores de prevención y actuación ante emergencias.

b) Probabilidad de que se produzca un efecto dañino específico en un periodo de tiempo determinado o en circunstancias determinadas.

c) Situación declarada con el fin de tomar precauciones específicas debido a la probable y cercana ocurrencia de un suceso o accidente.

d) Grado de pérdida o daño esperado sobre las personas y los bienes y su consiguiente alteración de la actividad socioeconómica, debido a la ocurrencia de un efecto dañino específico.

27. Para evaluar los planes de autoprotección y asegurar la eficacia y operatividad de los planes de actuación en emergencias se realizarán simulacros de emergencia, con la periodicidad mínima que fije el propio plan, y en todo caso, al menos:

a) Una vez al año.
b) Dos veces al año.
c) Una vez cada dos años.
d) Una vez cada tres años.

28. Los riesgos asociados a la utilización o manipulación de productos que, por su naturaleza, pueden causar daños, son:

a) Riesgos convencionales.
b) Riesgos menores.
c) Riesgos mayores.
d) Riesgos específicos.

29. Los riesgos relacionados con el desarrollo de la actividad empresarial y las instalaciones propias existentes en cualquier sector, son:

a) Riesgos convencionales.
b) Riesgos menores.
c) Riesgos mayores.
d) Riesgos específicos.

30. La posibilidad de que se produzca un daño o catástrofe en el medio ambiente debido a un fenómeno natural o a una acción humana, se denomina:

a) Riesgo natural.
b) Riesgos externos.

c) Riesgo convencional.
d) Riesgo climático.

31. La probabilidad de que un territorio y la sociedad que habita en ella, se vean afectados por episodios naturales de rango extraordinario, se llama:

a) Riesgo climático.
b) Riesgo mayor.
c) Riesgo extraordinario.
d) Riesgo natural.

32. Los riesgos antrópicos son debidos a:

a) La actividad tecnológica.
b) Fuerzas de la naturaleza.
c) La acción humana.
d) Causas climáticas.

33. Avisar de la forma más rápida a los equipos de emergencia del propio establecimiento e informar al resto de los equipos y solicitar en su caso ayudas de intervención externa, cuando se produce una emergencia, es:

a) Alarmar.
b) Alertar.
c) Apremiar.
d) Detectar.

34. El aviso o señal por la que se informa a las personas para que sigan instrucciones específicas ante una situación de emergencia, es:

a) Alerta.
b) Detección.
c) Alarma.
d) Auxilio.

35. Ante una situación de emergencia, el trabajador debe:

a) Seguir trabajando mientras pueda.
b) Dirigirse, ya en el exterior, a un punto de reunión.
c) Quedarse en los lavabos o lugares cerrados.
d) Confiar, sobre todo, en su instinto.

36. Aquella situación en la que los parámetros definidores del riesgo, evidencian que la materialización del mismo, puede ser inminente, se denomina:

a) Preemergencia.
b) Conato.

c) Emergencia parcial.
d) Emergencia primaria.

37. Aquella situación que puede ser controlada y solucionada de forma sencilla y rápida por el personal y medios de protección del local, dependencias o sector, se llama:

a) Preemergencia.
b) Conato de emergencia.
c) Emergencia parcial.
d) Emergencia primaria.

38. Aquella situación que, para ser dominada, requiere la actuación de equipos especiales del sector, se denomina:

a) Emergencia sectorial.
b) Emergencia básica.
c) Preemergencia.
d) Emergencia parcial.

39. ¿A quién corresponde establecer la situación de emergencia en función del nivel de gravedad?

a) Al Jefe de Intervención.
b) Al Director del Plan de Actuación.
c) Al responsable de los Servicios Públicos de Extinción de Incendios y Salvamento.
d) Al Director del Plan de Autoprotección.

40. En un plan de autoprotección, ¿a qué se denominan "Equipos de Primera Intervención" (EPI)?

a) Son los que en una situación de emergencia organizan en primer lugar la evacuación del edificio a la espera de las instrucciones del Jefe de Emergencia.
b) Son los que en una situación de emergencia acuden al lugar donde se haya producido la emergencia para intentar su control y poner en funcionamiento el sistema de alarma.
c) También llamados Equipos de Protección Individual, incluyen cualquier equipo destinado a ser llevado o sujetado por el trabajador para que le proteja de los riesgos para su seguridad y salud laboral.
d) Son las brigadas contra incendios que actúan cuando la emergencia se considera grave.

41. Asume la dirección y coordinación de los equipos de emergencia en el lugar del accidente:

a) El Jefe de Intervención.
b) El Director del Plan de Actuación.

c) El responsable de los Servicios Públicos de Extinción de Incendios y Salvamento.
d) El Director del Plan de Autoprotección.

42. Su misión es asegurar una evacuación total y ordenar su sector y/o establecimiento y garantizar que se ha dado la alarma. Nos referimos a:

a) El Equipo de Primeros Auxilios (EPA).
b) El Equipo de Segunda Intervención (ESI).
c) El Equipo de Primera Intervención (EPI).
d) El Equipo de Alarma y Evacuación (EAE).

43. Las salidas del establecimiento, planta o inmueble tendrán una señal con el rótulo "SALIDA", excepto en edificios de uso Residencial Vivienda y, en otros usos, cuando se trate de salidas de recintos que sean fácilmente visibles y cuya superficie no exceda de:

a) 50 m2.
b) 100 m2.
c) 200 m2.
d) 400 m2.

44. Deben disponerse señales indicativas de dirección de los recorridos, visibles desde todo origen de evacuación desde el que no se perciban directamente las salidas o sus señales indicativas y en particular, frente a toda salida de un recinto, que acceda lateralmente a un pasillo, y que tenga una ocupación mayor de:

a) 50 personas.
b) 100 personas.
c) 140 personas.
d) 200 personas.

45. Las señales de salida de uso habitual o de emergencia, cuando la distancia de observación esté comprendida entre 20 y 30 metros, tendrán un tamaño de:

a) 210 x 210 mm.
b) 420 x 420 mm.
c) 594 x 594 mm.
d) 360 x 360 mm.

46. El lugar físico desde donde el Director del Plan de Actuación en Emergencias dirige la resolución de la misma, es:

a) El Centro de Control.
b) El Lugar de reunión.
c) El Centro directivo.
d) La Zona de Refugio.

47. El emplazamiento de los extintores permitirá que sean fácilmente visibles y accesibles, estarán situados próximos a los puntos donde se estime mayor probabilidad de iniciarse el incendio, a ser posible próximos a las salidas de evacuación y preferentemente sobre soportes fijados a paramentos verticales, de modo que la parte superior del extintor quede, como máximo, a:

a) 1,20 metros sobre el suelo.
b) 1,70 metros sobre el suelo.
c) 1 metro sobre el suelo.
d) Ninguna de las respuestas es correcta.

48. Las bocas de incendio equipadas (BIE) se situarán, siempre que sea posible, a una distancia máxima de la salida de cada sector, de:

a) 5 metros.
b) 10 metros.
c) 15 metros.
d) 20 metros.

49. La separación máxima entre cada boca de incendio equipada (BIE) y su más cercana será de:

a) 10 metros.
b) 25 metros.
c) 50 metros.
d) 75 metros.

50. Según el Real Decreto 513/2017, de 22 de mayo, por el que se aprueba el Reglamento de instalaciones de protección contra incendios y la norma UNE-EN2, para un fuego de clase C, utilizaremos un agente extintor:

a) Específico para fuegos de metales.
b) Específico para fuegos de materiales sólidos, generalmente de naturaleza orgánica, cuya combinación se realiza normalmente por la formación de brasas.
c) Específico para fuegos de gases.
d) Específico para fuegos de líquidos o de sólidos licuables.

Solución al test n.º 18

1. b) Intentará apagarlo y si no es posible, comunicarlo directamente al Jefe Superior.

2. c) Un técnico competente capacitado para dictaminar sobre aquellos aspectos relacionados con la autoprotección frente a los riesgos a los que esté sujeta la actividad.

3. c) El titular de la actividad.

4. b) Autoprotección.

5. c) El Plan de emergencias.

6. d) Un documento único con diferentes partes y anexos.

7. b) El coste de la implantación del plan.

8. c) Se designará, por parte de la autoridad autonómica, un órgano colegiado responsable único, con autoridad y capacidad de gestión, que será el órgano de dirección del Plan de Actuación en Emergencias.

9. d) El especial entrenamiento del titular de la actividad (no tanto del resto del personal de la actividad) en la respuesta frente a una emergencia.

10. c) Indeterminada.

11. d) Formar al personal sobre el desempeño de sus funciones.

12. a) 200 camas.

13. c) 28 metros.

14. d) 2000 personas.

15. b) 20.000 personas.

16. b) 2.500 personas.

17. c) La conflictividad laboral de los trabajadores de la empresa.

18. a) El titular de la actividad.

19. d) El Director del propio Plan de Actuación en Emergencias.

20. a) El aviso o señal por la que se informa a las personas para que sigan instrucciones específicas ante una situación de emergencia.

21. b) Peligro.

22. a) Confinamiento.

23. d) Efecto dominó.

24. c) Ocupación.

25. b) Rehabilitación.

26. d) Grado de pérdida o daño esperado sobre las personas y los bienes y su consiguiente alteración de la actividad socioeconómica, debido a la ocurrencia de un efecto dañino específico.

27. a) Una vez al año.

28. d) Riesgos específicos.

29. a) Riesgos convencionales.

30. b) Riesgos externos.

31. d) Riesgo natural.

32. c) La acción humana.

33. b) Alertar.

34. c) Alarma.

35. b) Dirigirse, ya en el exterior, a un punto de reunión.

36. a) Preemergencia.

37. b) Conato de emergencia.

38. d) Emergencia parcial.

39. b) Al Director del Plan de Actuación.

40. b) Son los que en una situación de emergencia acuden al lugar donde se haya producido la emergencia para intentar su control y poner en funcionamiento el sistema de alarma.

41. a) El Jefe de Intervención.

42. d) El Equipo de Alarma y Evacuación (EAE).

43. a) 50 m2.

44. b) 100 personas.

45. c) 594 x 594 mm.

46. a) El Centro de Control.

47. a) 1,20 metros sobre el suelo.

48. a) 5 metros.

49. c) 50 metros.

50. c) Específico para fuegos de gases.

La atención al público:
la acogida e información al administrado

1. En el trato a un cliente presuntuoso, no es correcto:

a) Mostrar humildad.
b) Competir con él.
c) Mostrar mucha amabilidad.
d) Adularle alguna vez.

2. En el trato a un cliente escéptico, no es correcto:

a) Mostrar paciencia y perseverancia.
b) Ser sincero.
c) Mantenerse firme y a distancia.
d) Dar garantías.

3. No es correcto, en relación con el comportamiento agresivo de un ciudadano cliente la siguiente afirmación:

a) El agresivo se enfadará con el representante de la Administración, aun sabiendo que no es el culpable de sus problemas.
b) El funcionario no debe perder las buenas maneras y no dar respuestas que puedan ser interpretadas como una provocación.
c) Se intentará frenar la parte irracional de su comportamiento y negociar, haciéndole sentir que su problema nos preocupa.
d) No es conveniente aplicar en esta situación la escucha activa.

4. ¿Cuál de los siguientes tipos de comportamiento se caracteriza por dar afirmaciones claras, expresarse con franqueza y de manera constructiva?

a) Comportamiento asertivo.
b) Comportamiento pasivo.
c) Comportamiento agresivo.
d) Comportamiento pasivo-agresivo.

5. Para establecer un tono positivo con los clientes que no tienen razón en sus argumentos, hemos de:

a) Decirles que no llevan la razón.
b) Decirles que están equivocados.
c) Hacerles sentir culpables.
d) Esforzarnos en ser positivos en nuestras respuestas.

6. Parafrasear es una forma de asegurar nuestra comprensión del mensaje diciéndole al cliente lo que pensamos o lo que hemos comprendido:

a) Añadiendo la información no incluida por el cliente.
b) Asegurándonos de que nuestro tono incluye juicio.
c) Asegurándonos de que nuestro tono incluye evaluación.
d) Dando a entender al cliente que queremos saber si entendemos adecuadamente su mensaje.

7. Cuando los clientes se acercan a la Administración, a menudo nos encontramos con la tarea de tener que explicar un asunto o un servicio. No es cierto que en la explicación:

a) Nos aseguraremos de dar la información correcta.
b) Evitaremos los tecnicismos, utilizando un lenguaje simple y coloquial y educado.
c) Utilizaremos explicaciones de carrerilla, para no ser desigual con otros clientes.
d) No asumiremos que el cliente sabe de temas de la Administración, facilitándole los detalles imprescindibles.

8. ¿Cuál de las siguientes opciones es correcta en cuanto a convencer al cliente?

a) Convencer es coaccionar al cliente para que este realice algo que no desea.
b) Tenemos que persuadirle.
c) Los ciudadanos quieren creer lo que les decimos.
d) No es tarea del personal de la Administración ganarse la confianza que quieran depositar en él.

9. Para tratar a un cliente enfadado, aplicando la técnica de la escucha activa:

a) Miraremos al ciudadano directamente. Esto implica que prestamos toda nuestra atención a la conversación con el cliente.
b) Cruzaremos los brazos o las piernas, para hacer pensar al cliente que estamos dispuestos a escucharle.
c) Le miraremos a los ojos fijamente por largo tiempo.
d) Mantendremos una postura rígida e inamovible.

10. La escucha activa es una técnica que nos va a permitir, mediante un lenguaje no verbal, tranquilizar y relajar el ánimo de nuestro cliente. ¿Cuál de las siguientes frases es correcta?

a) Primero la persona, después el problema. Primero los sentimientos, después los hechos.
b) Primero la persona, después los sentimientos. Primero el problema, después los hechos.
c) Primero los sentimientos, después la persona. Primero los hechos, después el problema.
d) Primero el problema, después la persona. Primero los hechos, después los sentimientos.

11. Para disminuir la tensión en una reclamación de un ciudadano agresivo:

a) Hay que sentirse personalmente afectado.
b) Hay que evitar la responsabilidad.
c) Dejar hablar y escuchar.
d) Procurar entrar en discusión.

12. Ante un cliente que solicita información con mucha meticulosidad, numerosas preguntas y una actitud crítica, el trato del informador público debe caracterizarse por:

a) Permanecer impasible.
b) Dar pocos detalles.
c) Aportar conocimientos técnicos.
d) Mantenerse firme.

13. Un cliente acude a una de las oficinas de la Administración demandando información personal que le es necesaria para cumplimentar algunos documentos. Sabemos que los datos están informatizados y puede tener acceso a ellos introduciendo un código en un terminal informático. Por lo tanto, como informador público:

a) Dejaremos que el cliente decida cómo actuar.
b) Nos acercaremos a él con la máxima profesionalidad para intentar ayudarle.
c) Esperaremos y solo si observamos algún error en el proceso, tomaremos la iniciativa.
d) Entablaremos una conversación intrascendente para ganarnos su confianza.

14. Para proporcionar un servicio de calidad que satisfaga a los clientes:

a) Se deben aplicar técnicas de escucha activa, feedback y reformulación.
b) La información debe ser ofrecida por más de un empleado.
c) La prioridad será mantener una buena imagen de la Administración.
d) El empleado público se mantendrá indiferente a las necesidades del ciudadano.

15. Un visitante le pregunta por una determinada unidad; usted le facilitará una información:

a) Totalmente detallada recurriendo incluso al color de las puertas.
b) Clara y sucinta.
c) Que incluya un croquis de las dependencias por donde debe pasar antes de llegar a la unidad.
d) Que indique el recorrido pero advirtiéndole que existen suficientes rótulos indicadores de las unidades o servicios.

16. Los clientes poseen diferentes personalidades y por ello tienen diferentes características. Así, debemos saber que el cliente que avasalla e insulta pertenece al tipo:

a) Hablador.
b) Excitable.
c) Inquisitivo.
d) Irrazonable.

17. El comportamiento agresivo:

a) Se refleja físicamente por el movimiento continuo de manos y brazos.
b) Se da cuando una persona se enfrenta a otra físicamente.
c) Se da cuando la persona afirma claramente, se expresa con franqueza y de manera constructiva.
d) Se da cuando una persona siente temor a actuar de forma agresiva.

18. La diferencia entre una reclamación y una queja es que la primera:

a) Expresa desacuerdo con el trato personal.
b) Expresa insatisfacción con el contenido dado a la demanda.
c) Se basa en una percepción subjetiva que no afecta a todos los clientes por igual.
d) Informa sobre cómo es percibida la calidad de los servicios por los ciudadanos.

19. ¿Cuál de los siguientes elementos básicos de la comunicación se refiere al lenguaje en el que emitimos el mensaje?

a) El emisor.
b) El receptor.
c) El canal.
d) El código.

20. No ayuda a la comunicación:

a) La escucha activa.
b) El feedback.

c) La reformulación (fenómeno eco).
d) Utilizar un lenguaje lo más técnico posible.

21. No ayuda a una escucha activa:

a) Estar preparado sobre el tema de que se trata.
b) Escuchar y resumir las ideas básicas.
c) Repetir en esencia lo que ha dicho el interlocutor.
d) No preguntar.

22. No es cierto que el feedback (retroalimentación) en la comunicación:

a) Consiste en facilitar a nuestro interlocutor información sobre cómo hemos percibido o entendido lo que nos está comunicando.
b) Consiste en dejar que el otro hable, escuchar atentamente y callar.
c) Puede referirse no solo a la recepción del mensaje sino a expresar de forma verbal el impacto emocional del mismo.
d) Aclara las relaciones entre personas y ayuda a comprender mejor al otro.

23. Es un fallo en la comunicación:

a) Entender lo que queremos entender.
b) Establecer un clima agradable.
c) Estar dispuestos a oír a la otra persona en sus propios términos.
d) Ser comprensivo con las circunstancias del interlocutor.

24. No es una causa de fallos en la comunicación:

a) Entender lo que queremos entender.
b) Nuestro estado emocional condicionador de lo que queremos decir.
c) Estar a la defensiva.
d) Vocalizar al hablar.

25. No ayuda a mejorar nuestra comunicación cuando hablamos:

a) Organizar nuestro pensamiento.
b) Expresarnos con precisión.
c) Encerrar muchas ideas en un enunciado.
d) Hablar con naturalidad.

26. No ayuda a mejorar nuestra comunicación cuando escuchamos:

a) Que el interlocutor advierta que se pone voluntad e interés en entenderle.
b) Utilizar el feedback (retroalimentación).
c) Pensar en nuestras respuestas mientras escuchamos.
d) No evaluar ni prejuzgar.

27. La comunicación que busca un balance ideal entre las posturas agresivas y pasivas de comunicación, para mantener un proceso franco, equitativo y respetuoso de intercambio de información, es fruto del llamado comportamiento:

a) Asertivo.
b) Administrativo.
c) Primario.
d) Profesional.

28. En relación con la comunicación no verbal, es falso que:

a) La quietud y el reposo son posturas de clara atención al interlocutor.
b) La quietud ha de ser rígida para mostrar que no se está deseando que el otro acabe de hablar.
c) Comunicamos constantemente nuestro estado emocional a través de inconscientes gestos.
d) Cuando hablamos, nuestra voz comunica una gran cantidad de información no incluida en los sonidos de las palabras que pronunciamos (el paralenguaje).

29. En relación con la información particular, es cierto que:

a) Se facilitará obligatoriamente a los ciudadanos, sin exigir para ello la acreditación de legitimación alguna.
b) Solo podrá ser facilitada a las personas que tengan la condición de interesados en cada procedimiento o a sus representantes legales.
c) No podrá referirse a los datos de carácter personal que afecten de alguna forma a la intimidad o privacidad de las personas físicas.
d) Cuando resulte conveniente una mayor difusión, deberá ofrecerse a los grupos sociales o instituciones que estén interesados en su conocimiento.

30. ¿Qué funciones de la atención personalizada a los ciudadanos tienen por objeto facilitar a estos la orientación y ayuda que precisen en el momento inicial de su visita, y, en particular, la relativa a la localización de dependencias y funcionarios?

a) Funciones de recepción de las iniciativas o sugerencias formuladas por los ciudadanos.
b) Funciones de orientación e información.
c) Funciones de recepción y acogida a los ciudadanos.
d) Funciones de asistencia a los ciudadanos en el ejercicio del derecho de petición.

Solución al test n.º 19

1. b) Competir con él.

2. c) Mantenerse firme y a distancia.

3. d) No es conveniente aplicar en esta situación la escucha activa.

4. a) Comportamiento asertivo.

5. d) Esforzarnos en ser positivos en nuestras respuestas.

6. d) Dando a entender al cliente que queremos saber si entendemos adecuadamente su mensaje.

7. c) Utilizaremos explicaciones de carrerilla, para no ser desigual con otros clientes.

8. c) Los ciudadanos quieren creer lo que les decimos.

9. a) Miraremos al ciudadano directamente. Esto implica que prestamos toda nuestra atención a la conversación con el cliente.

10. a) Primero la persona, después el problema. Primero los sentimientos, después los hechos.

11. c) Dejar hablar y escuchar.

12. c) Aportar conocimientos técnicos.

13. b) Nos acercaremos a él con la máxima profesionalidad para intentar ayudarle.

14. a) Se deben aplicar técnicas de escucha activa, feedback y reformulación.

15. b) Clara y sucinta.

16. b) Excitable.

17. a) Se refleja físicamente por el movimiento continuo de manos y brazos.

18. b) Expresa insatisfacción con el contenido dado a la demanda.

19. d) El código.

20. d) Utilizar un lenguaje lo más técnico posible.

21. d) No preguntar.

22. b) Consiste en dejar que el otro hable, escuchar atentamente y callar.

23. a) Entender lo que queremos entender.

24. d) Vocalizar al hablar.

25. c) Encerrar muchas ideas en un enunciado.

26. c) Pensar en nuestras respuestas mientras escuchamos.

27. a) Asertivo.

28. b) La quietud ha de ser rígida para mostrar que no se está deseando que el otro acabe de hablar.

29. b) Solo podrá ser facilitada a las personas que tengan la condición de interesados en cada procedimiento o a sus representantes legales.

30. c) Funciones de recepción y acogida a los ciudadanos.

Normas y criterios de aplicación para la comunicación de oficios y notificación de resoluciones administrativas

1. Conforme al artículo 26.2 de la LPACAP, para ser considerados válidos, los documentos electrónicos deberán:

a) Contener información de naturaleza jurídica archivada en un soporte electrónico según un formato determinado susceptible de identificación y tratamiento diferenciado.
b) Carecer de datos de identificación que puedan permitir su individualización.
c) Incorporar los metadatos mínimos exigidos.
d) Formar parte de un expediente administrativo.

2. En relación a los documentos electrónicos administrativos, no es cierto que:

a) Para ser considerados válidos, los documentos electrónicos administrativos deberán disponer de los datos de identificación que permitan su individualización, sin perjuicio de su posible incorporación a un expediente electrónico.
b) A menos que su naturaleza exija otra forma más adecuada de expresión y constancia, las Administraciones Públicas emitirán los documentos administrativos por escrito, a través de medios electrónicos.
c) Los documentos electrónicos emitidos por las Administraciones Públicas que se publiquen con carácter meramente informativo requieren firma electrónica para ser considerados documentos administrativos.
d) Cualquier documento electrónico emitido por una Administración Pública requerirá que se identifique su origen aunque no forme parte de un expediente administrativo.

3. Se entiende por documentos públicos administrativos:

a) Las notificaciones y resoluciones de un procedimiento administrativo.
b) Los enviados formalmente a una Administración Pública.
c) Los comunicados de los órganos oficiales.
d) Los válidamente emitidos por las Administraciones Públicas.

4. Para ser considerados válidos, los documentos electrónicos deben contener información de cualquier naturaleza archivada en un soporte electrónico según un formato determinado susceptible de identificación y:

a) Catalogación.
b) Tratamiento diferenciado.
c) Normalización.
d) Firma.

5. No requieren de firma electrónica:

a) Los documentos electrónicos enviados por email.
b) Los documentos electrónicos que se publiquen con carácter meramente informativo.
c) Los documentos electrónicos que formen parte de un expediente administrativo.
d) Los documentos electrónicos en general.

6. Los documentos de decisión:

a) Son aquellos que comunican la existencia de hechos o actos a otras personas, órganos o entidades.
b) Contienen una declaración de conocimiento de un órgano administrativo cuya finalidad es la acreditación de actos, hechos o efectos.
c) Contienen una declaración de juicio de un órgano administrativo, persona o entidad pública o privada, sobre las cuestiones de hecho o de derecho que sean objeto de un procedimiento administrativo.
d) Contienen una declaración de voluntad de un órgano administrativo sobre materias de su competencia.

7. A diferencia de una notificación, las comunicaciones:

a) No trasladan actos de decisión.
b) Acredita hechos, circunstancias, juicios o acuerdos.
c) Contienen una declaración de juicio de un órgano administrativo.
d) Son el instrumento por el que el ciudadano se relaciona con la actividad de las Administraciones Públicas.

8. ¿Cómo se llama el documento que contiene una o varias peticiones de un ciudadano dirigidas a promover la acción del órgano administrativo al que se dirige?

a) Petición.
b) Alegación.
c) Solicitud.
d) Recurso.

9. Por regla general, los documentos administrativos constan de tres partes:

a) Emisor, texto y firma.
b) Encabezamiento, cuerpo y pie.
c) Asunto, destinatario y emisor.
d) Antefirma, nombre del emisor y rúbrica.

10. Es un documento de los ciudadanos:

a) Informe.
b) Certificado.
c) Oficio.
d) Alegación.

11. Es un documento de constancia:

a) Certificado.
b) Resolución.
c) Oficio.
d) Informe.

12. Es un documento de decisión:

a) La notificación.
b) El informe.
c) El acuerdo.
d) El oficio.

13. No es cierto que toda notificación deba contener:

a) Indicación de si el acto es o no definitivo en la vía administrativa.
b) El texto íntegro de la resolución.
c) La expresión de los recursos que proceden.
d) La motivación de la resolución.

14. En relación a las notificaciones, no es cierto que:

a) Deban contener el texto íntegro de la resolución.
b) Se practicarán preferentemente por medios electrónicos.
c) Las que contengan medios de pago a favor de los obligados deberán efectuarse por medios electrónicos.
d) En los procedimientos iniciados a solicitud del interesado, la notificación se practicará por el medio señalado al efecto por el interesado.

15. Señala la opción incorrecta. Con independencia del medio utilizado, las notificaciones serán válidas siempre que permitan tener constancia de:

a) Su envío o puesta a disposición.
b) Un extracto del contenido esencial.
c) La identidad fidedigna del remitente y destinatario de la misma.
d) La recepción o acceso por el interesado o su representante.

16. Señala la opción incorrecta. Según el artículo 44 de la LPACAP, podemos considerar situaciones de notificación infructuosa:

a) Cuando intentada la notificación, no se hubiese podido practicar.
b) Cuando los interesados en un procedimiento sean desconocidos.
c) Cuando el interesado o su representante rechace la notificación.
d) Cuando se ignore el lugar de la notificación.

17. Cuando el interesado fuera notificado por distintos cauces, se tomará como fecha de notificación:

a) La que más convenga al interesado.
b) La de aquella que se hubiera producido en primer lugar.
c) La de aquella que se hubiera producido en último lugar.
d) La de la notificación que se emitiera en primer lugar.

18. Cuando la notificación se practique en el domicilio del interesado, y este no se hallare presente, podrá hacerse cargo de la misma:

a) Cualquier persona mayor de catorce años que se encuentre en el domicilio y haga constar su identidad.
b) Cualquier persona mayor de edad que se encuentre en el domicilio y haga constar su identidad.
c) Cualquier persona con capacidad de obrar que se encuentre en el domicilio y haga constar su identidad.
d) Cualquier persona que se encuentre en el domicilio y haga constar su identidad.

19. Cuando la notificación por medios electrónicos sea de carácter obligatorio, o haya sido expresamente elegida por el interesado, se entenderá rechazada cuando hayan transcurrido desde la puesta a disposición de la notificación sin que se acceda a su contenido:

a) 7 días naturales.
b) 10 días naturales.
c) 15 días naturales.
d) 20 días naturales.

20. Las notificaciones por medios electrónicos se entenderán practicadas:

a) En el momento de su emisión.
b) En el momento en que se produzca el acceso a su contenido.
c) En el momento que el interesado acredite su recepción.
d) En el plazo de 10 días naturales desde su puesta a disposición del interesado.

21. Señala la opción correcta:

a) En el oficio, a diferencia de la nota interior, el emisor aparece en la parte final del documento, con antefirma (indicación del cargo), firma o rúbrica e identificación nominativa del firmante.
b) En el oficio, a diferencia de la nota interior, el emisor aparece en la parte inicial del documento, con antefirma (indicación del cargo), firma o rúbrica e identificación nominativa del firmante.
c) En el oficio, al igual que la nota interior, el emisor aparece en la parte final del documento, con antefirma (indicación del cargo), firma o rúbrica e identificación nominativa del firmante.
d) En el oficio, al igual que la nota interior, el emisor aparece en la parte inicial del documento, con antefirma (indicación del cargo), firma o rúbrica e identificación nominativa del firmante.

22. Los documentos que informan del plazo máximo de duración de los procedimientos y de los efectos del silencio administrativo, son un ejemplo de:

a) Nota interior.
b) Notificación.
c) Oficio.
d) Resolución.

23. Una buena definición de oficio es:

a) El documento de comunicación, dirigida a ciudadanos, entidades privadas u otros órganos administrativos no dependientes de un mismo órgano superior o entidad.
b) El trámite procedimental mediante el cual el órgano administrativo competente practica una comunicación oficial y fehaciente al interesado o interesados en una Resolución o acuerdo administrativos.
c) El documento que contiene una o varias peticiones de un ciudadano dirigidas a promover la acción del órgano administrativo al que se dirige.
d) El documento que se utiliza para la comunicación entre órganos o unidades pertenecientes a un mismo órgano superior o entidad.

24. Según el artículo 3, del Real Decreto 1465/1999, de 17 de septiembre, por el que se establecen criterios de imagen institucional y se regula la producción documental y el material impreso de la Administración General del Estado, todo documento que contenga actos administrativos, incluidos los de mero trámite, debe estar:

a) Normalizado.
b) Formalizado.

c) Automatizado.
d) Autorizado.

25. Entre las siguientes formas de escribir la data, cuál es la más recomendable:

a) En Alicante, a 16 de abril de 2019.
b) Alicante, 16-4-2019.
c) ALICANTE, 16 de abril de 2.019.
d) Alicante, 16 de abril de 2019.

Solución al test n.º 20

1. c) Incorporar los metadatos mínimos exigidos.

2. c) Los documentos electrónicos emitidos por las Administraciones Públicas que se publiquen con carácter meramente informativo requieren firma electrónica para ser considerados documentos administrativos.

3. d) Los válidamente emitidos por las Administraciones Públicas.

4. b) Tratamiento diferenciado.

5. b) Los documentos electrónicos que se publiquen con carácter meramente informativo.

6. d) Contienen una declaración de voluntad de un órgano administrativo sobre materias de su competencia.

7. a) No trasladan actos de decisión.

8. c) Solicitud.

9. b) Encabezamiento, cuerpo y pie.

10. d) Alegación.

11. a) Certificado.

12. c) El acuerdo.

13. d) La motivación de la resolución.

14. c) Las que contengan medios de pago a favor de los obligados deberán efectuarse por medios electrónicos.

15. b) Un extracto del contenido esencial.

16. c) Cuando el interesado o su representante rechace la notificación.

17. b) La de aquella que se hubiera producido en primer lugar.

18. a) Cualquier persona mayor de catorce años que se encuentre en el domicilio y haga constar su identidad.

19. b) 10 días naturales.

20. b) En el momento en que se produzca el acceso a su contenido.

21. a) En el oficio, a diferencia de la nota interior, el emisor aparece en la parte final del documento, con antefirma (indicación del cargo), firma o rúbrica e identificación nominativa del firmante.

22. c) Oficio.

23. a) El documento de comunicación, dirigida a ciudadanos, entidades privadas u otros órganos administrativos no dependientes de un mismo órgano superior o entidad.

24. b) Formalizado.

25. d) Alicante, 16 de abril de 2019.

SUPUESTOS PRÁCTICOS

Supuesto sobre atención al público

A lo largo de la semana han sido muchos y muy variados los tipos de personas con los que ha tenido que tratar el ordenanza o conserje Vicente como parte de sus funciones de atención al público.

En todo caso, Vicente se ha esforzado por dar un trato respetuoso y adecuado para que cada persona fuera convenientemente atendida por el motivo que le acercó a la Administración. Para ello, Vicente ha tenido que ajustar su trato a las características de cada ciudadano y posibilitar así la mejor comunicación posible.

En lo que va de mañana, Vicente ha atendido a 8 ciudadanos, que nombraremos por sus nombres de pila y que mostraban las siguientes características:

- El ciudadano Andrés era negativista, poco objetivo y creía en todo momento que tenía la verdad absoluta.

- El ciudadano Benito era muy reservado, se mostraba asustado e inseguro y prefería escuchar en vez de hablar.

- El ciudadano Carlos se mostraba exigente, avasallando e insultando repetidamente, además parecía muy susceptible.

- La ciudadana Dolores era muy desconfiada, aguda y crítica, poniéndolo todo en entredicho.

- El ciudadano Eduardo era muy hablador, abierto y comunicativo. Se salía mucho del tema y era muy impulsivo.

- La ciudadana Francisca era muy crítica y meticulosa. Preguntaba mucho y se le veía muy insegura.

- La ciudadana Gloria hablaba muy poco, iba directamente al asunto con muy poca diplomacia y mucha frialdad. Se mostraba bastante desorientada.

- Por último, el ciudadano Hugo se ha mostrado muy orgulloso, engreído y altivo, creyéndose que lo sabía todo.

En un primer lugar, intentando comprender cómo lo ha percibido Vicente, debemos identificar cada tipo de ciudadanos que se ha dirigido a él a partir de las características observadas. No se trata de poner etiquetas a cada persona sin más, sino, más bien, de entender cómo actúa la persona que tenemos delante para saber dar el mejor tipo de respuesta a cada persona según las características que presentan.

Cuestiones

1. Por las características mencionadas entendemos que Andrés es una persona:

a) Excitable.
b) Escéptica.
c) Inquisitiva.
d) Irrazonable.

2. Por las características mencionadas entendemos que Benito es una persona:

a) Escéptica.
b) Tímida.
c) Silenciosa.
d) Entendida.

3. Por las características mencionadas entendemos que Carlos es una persona:

a) Excitable.
b) Inquisitiva.
c) Presuntuosa.
d) Irrazonable.

4. Por las características mencionadas entendemos que Dolores es una persona:

a) Entendida.
b) Silenciosa.
c) Escéptica.
d) Irrazonable.

5. Por las características mencionadas entendemos que Eduardo es una persona:

a) Excitable.
b) Presuntuosa.
c) Habladora.
d) Entendida.

¿Qué tipo de trato ha tenido que dar Vicente en cada caso para que cada persona viera satisfecha y eficazmente cumplida su necesidad de información y de servicio que le trajo a la Administración? En cada caso nombraremos tres tipos de respuestas que podría haber dado Vicente; tenemos que identificar la más acertada en función del comportamiento que mostraba cada ciudadano. Todas las respuestas mencionadas pueden parecer buenas, pero se trata de señalar aquella en la que hay que apoyarse más:

6. Ante el comportamiento de Dolores, es conveniente:

a) Tener paciencia y perseverancia.
b) Darle conocimientos técnicos.
c) Encauzarle en el tema.
d) Dar detalles.

7. Ante el comportamiento de Eduardo, es conveniente:

a) No competir con él.
b) Pasarse a su bando.
c) Permanecer impasible.
d) Ser breve y cortés.

8. Ante el comportamiento de Francisca, es conveniente:

a) Mostrar calma.
b) Brevedad y cortesía.
c) No contradecirse.
d) Ir al grano.

9. Ante el comportamiento de Gloria, es conveniente:

a) Permanecer impasible.
b) Mantenerse firme.
c) Dar garantías.
d) Llevar la iniciativa.

10. Ante el comportamiento de Hugo, es conveniente:

a) Mostrar amabilidad.
b) Tratarle en reservado.
c) Competir con él.
d) Evitar adularle.

11. No se incluye dentro de las funciones de atención al ciudadano:

a) Recepción y acogida.
b) Asistencia a los ciudadanos en el ejercicio del derecho de petición recogido en los artículos 29 y 77 de la Constitución Española.
c) Gestión en relación con los procedimientos administrativos.
d) Estimación de recursos administrativos y reconocimiento de derechos.

12. Informar a un ciudadano de la documentación que debe adjuntar a una solicitud para acceder a una determinada prestación que se tramita en una concreta unidad administrativa forma parte de:

a) Función de recepción y acogida.
b) Función de gestión.
c) Función de orientación e información.
d) Función de recepción de sugerencias e iniciativas.

13. Uno de los derechos del ciudadano ante la administración pública es el derecho a la información. La ciudadanía tiene derecho a acceder, a ver o a consultar, los archivos y registros administrativos:

a) Siempre, no existen casos donde la información esté restringida.
b) Siempre que la documentación tenga una antigüedad de 5 años
c) Siempre que no afecten a la seguridad y defensa del Estado, la averiguación de los delitos y la intimidad de las personas.
d) Siempre que no afecten a la seguridad y defensa del Estado.

14. La información de tipo general a la Administración se puede solicitar:

a) Únicamente por escrito.
b) Mediante instancia presentada en el registro general.
c) Por escrito y de manera verbal.
d) Verbalmente, por teléfono o por escrito, e incluso telemáticamente.

15. Cuando Vicente ocupe un puesto de recepción o portería en una dependencia municipal y un ciudadano se dirija a él le contestará:

a) Amistosamente.
b) Diplomáticamente.
c) Amablemente.
d) Secamente.

Solución al supuesto n.º 1

1. d) Irrazonable.

2. b) Tímida.

3. a) Excitable.

4. c) Escéptica.

5. c) Habladora.

6. a) Tener paciencia y perseverancia.

7. d) Ser breve y cortés.

8. c) No contradecirse.

9. d) Llevar la iniciativa.

10. a) Mostrar amabilidad.

11. d) Estimación de recursos administrativos y reconocimiento de derechos.

12. c) Función de orientación e información.

13. c) Siempre que no afecten a la seguridad y defensa del Estado, la averiguación de los delitos y la intimidad de las personas.

14. d) Verbalmente, por teléfono o por escrito, e incluso telemáticamente.

15. c) Amablemente.

SUPUESTO N.º 2

Supuesto sobre arreglos de anomalías (1)

Un técnico recorre las dependencias de un Edificio público y anota las deficiencias que detecta. Hecho el recorrido, se pasa al auxiliar de servicios generales el informe, el cual recoge distintas tareas a realizar para subsanar ciertas anomalías, como reparación de grietas, alicatado, alojamiento de tubos en el techo y revoque; arreglo de puertas y ventanas que cierran mal o paneles que se están desclavando; reparación de enchufes y timbres y conexiones de cables; y goteo de grifos y cisternas y atascos en sumideros.

Se solicita del auxiliar de servicios generales la diferenciación de los distintos conceptos utilizados, las técnicas a aplicar, así como de las herramientas y materiales a utilizar.

Cuestiones

1. Para enlucir paredes y techos es recomendable utilizar:

a) Yeso blanco.
b) Yeso de albañil.
c) Yeso alúmbrico.
d) Escayola.

2. Para alisar el revoque de morteros de cemento o yeso se utiliza:

a) La paleta.
b) El paletín.
c) El fratás.
d) La espátula.

3. Para hacer rozas, eliminar remaches y cortar chapas, utilizaremos:

a) La bujarda.
b) El cortafríos.
c) La piqueta.
d) La maceta.

4. Para extender y recoger mortero utilizaremos:

a) La talocha.
b) Una paleta.
c) El esparavel.
d) La cenefa.

5. Como recipiente para realizar pequeñas masas, así como para transportarlas, utilizaremos:

a) La criba.
b) El cubo.
c) La artesa.
d) La talocha.

6. El contrachapado en el que las fibras de cada chapa van en la misma dirección se conoce como:

a) Aglomerado.
b) Contrachapado náutico o marino.
c) Panel.
d) Contrachapado al hilo.

7. Para pulir superficies utilizaremos:

a) Una lima cuadrada.
b) Una lima plana.
c) Una lima redonda.
d) Un formón.

8. Las brocas de tres puntas (una de ellas de centrado y las otras dos de corte) se utilizan para:

a) Metal.
b) Hormigón.
c) Ladrillo.
d) Madera.

9. Para cortar incisiones en la madera poco profundas, pero anchas, destinadas a alojar otras piezas u otros accesorios se utiliza:

a) El destornillador.
b) La lima.
c) La lija.
d) El formón.

10. La llave que, en lugar de abrazar la tuerca entra en la ranura de la cabeza del tornillo, se conoce como:

a) Llave de carraca.
b) Llave de tubo.
c) Llave Allen.
d) Llave grip.

Solución al supuesto n.º 2

1. a) Yeso blanco.

2. c) El fratás.

3. b) El cortafríos.

4. b) Una paleta.

5. c) La artesa.

6. d) Contrachapado al hilo.

7. b) Una lima plana.

8. d) Madera.

9. d) El formón.

10. c) Llave Allen.

Supuesto sobre arreglos de anomalías (2)

Un técnico recorre las dependencias de un Edificio público y anota las deficiencias que detecta. Hecho el recorrido, se pasa al auxiliar de servicios generales el informe, el cual recoge distintas tareas a realizar para subsanar ciertas anomalías, como reparación de grietas, alicatado, alojamiento de tubos en el techo y revoque; arreglo de puertas y ventanas que cierran mal o paneles que se están desclavando; reparación de enchufes y timbres y conexiones de cables; y goteo de grifos y cisternas y atascos en sumideros.

Se solicita del auxiliar de servicios generales la diferenciación de los distintos conceptos utilizados, las técnicas a aplicar, así como de las herramientas y materiales a utilizar.

Cuestiones

1. **Para que una lámpara pueda apagarse o encenderse desde dos puntos indistintamente, se utiliza:**

a) Un cebador.
b) Un condensador.
c) Un transformador.
d) Un conmutador.

2. **Si los extremos de un tubo fluorescente se ponen negros es síntoma de que:**

a) El cebador está defectuoso.
b) El contacto del tubo con los bornes no se ha acoplado bien.
c) El tubo está agotado.
d) El tubo está demasiado caliente.

3. Para elevar o reducir la tensión eléctrica sin variar la potencia, utilizaremos:

a) El transformador.
b) El alternador.
c) El tensiómetro.
d) El polímetro.

4. Para medir la tensión eléctrica en un circuito eléctrico, utilizaremos:

a) El vatímetro.
b) El voltímetro.
c) El óhmetro.
d) El luxómetro.

5. Para quitar la capa o funda de aislamiento a los conductores cubiertos se utilizan alicates:

a) Pelacables.
b) De boca redonda.
c) De boca plana y angulada.
d) De tipo tenazas.

6. Las bolsas de aire que aparecen en el interior de las tuberías, principalmente las de agua caliente, suelen formarse por:

a) Diferencias en la presión del agua.
b) Fugas de agua.
c) Congelación de las cañerías.
d) Los malos olores.

7. La principal medida para evitar malos olores en las tuberías es:

a) Mantener siempre el agua en movimiento.
b) Aumentar el caudal de agua.
c) Limpiar periódicamente los sifones.
d) Utilizar un purgador.

8. Para hacer la junta de estanqueidad de una rosca se utilizará:

a) Cinta aislante.
b) Esparto.
c) Hilo de pescar.
d) Teflón.

9. Para apretar o aflojar tubos o redondos, y no hay ninguna tuerca cuadrada, hexagonal o similar, utilizaremos la llave:

a) Pico de loro.
b) Dullan.
c) Inglesa.
d) Grifa o Stillson.

10. En urinarios de lugares o edificios públicos de alto tránsito es habitual la utilización de sistemas de descarga presurizada de agua que se accionan mediante un grifo de cierre automático (mecánico o electrónico) instalado sobre una derivación de la red interior de agua. Estas válvulas de descarga se denominan:

a) Fluxores.
b) Cisternas.
c) Sifones.
d) Vomitorios.

Solución al supuesto n.º 3

1. d) Un conmutador.

2. c) El tubo está agotado.

3. a) El transformador.

4. b) El voltímetro.

5. a) Pelacables.

6. a) Diferencias en la presión del agua.

7. c) Limpiar periódicamente los sifones.

8. d) Teflón.

9. d) Grifa o Stillson.

10. a) Fluxores.

SUPUESTO N.º 4

Supuesto sobre arreglos de anomalías (3)

Un técnico recorre las dependencias de un Edificio público y anota las deficiencias que detecta. Hecho el recorrido, se pasa al auxiliar de servicios generales el informe, el cual recoge distintas tareas a realizar para subsanar ciertas anomalías, como reparación de grietas, alicatado, alojamiento de tubos en el techo y revoque; arreglo de puertas y ventanas que cierran mal o paneles que se están desclavando; reparación de enchufes y timbres y conexiones de cables; y goteo de grifos y cisternas y atascos en sumideros.

Se solicita del auxiliar de servicios generales la diferenciación de los distintos conceptos utilizados, las técnicas a aplicar, así como de las herramientas y materiales a utilizar.

Cuestiones

Indicar el nombre de las herramientas representadas en las imágenes:

1.

a) Fratás.
b) Peine.
c) Paleta.
d) Espátula.

2.

a) Alicates.
b) Llave inglesa.

c) Llave grip.
d) Tenazas.

3.

a) Broca de avellanar.
b) Broca Fostener.
c) Broca para cristal.
d) Broca de mampostería.

4.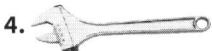

a) Llave Allen.
b) Llave Dullan.
c) Llave inglesa.
d) Llave de cadena.

5.

a) Alicates pelacables.
b) Alicates universales.
c) Tenazas.
d) Tenazas para tubos.

6.

a) Cúter.
b) Buscapolos.
c) Destornillador tipo Philips.
d) Pasa hilos.

7.

a) Alicates universales.
b) Alicates de puntas acodadas.

c) Llave grip.
d) Tenazas.

8.

a) Llave inglesa.
b) Llave Dullan.
c) Llave de cadena.
d) Llave Stillson.

9.

a) Llave Dullan.
b) Llave inglesa.
c) Llave Stillson.
d) Alicates cortatubos.

10.

a) Llave Allen.
b) Llave fija de doble estrella.
c) Llave inglesa.
d) Llave fija de doble roca.

Solución al supuesto n.º 4

1. b) Peine.

2. d) Tenazas.

3. b) Broca Fostener.

4. c) Llave inglesa.

5. a) Alicates pelacables.

6. b) Buscapolos.

7. a) Alicates universales.

8. d) Llave Stillson.

9. a) Llave Dullan.

10. a) Llave Allen.

Supuesto sobre manipulación manual de cargas

Durante la preparación de una exposición temporal en la Concejalía de Cultura del Ayuntamiento de Alicante, el auxiliar de servicios generales Juan García López, 42 años, recibe la instrucción de trasladar diverso material desde el almacén de la planta baja hasta la sala de exposiciones situada en la primera planta.

El traslado debe realizarse en la misma mañana, ya que la inauguración está prevista para el día siguiente. El ascensor se encuentra fuera de servicio, por lo que será necesario utilizar las escaleras del edificio.

Entre los materiales que deben transportarse se encuentran diez cajas de folletos con un peso aproximado de 15 kilogramos cada una, así como tres vitrinas de cristal de unos 30 kilogramos cada una. Además, será necesario recolocar varios paneles informativos de gran tamaño —de unos dos metros de alto por uno de ancho y con un peso de 12 kilogramos— que forman parte del montaje expositivo. Uno de los paneles carece de asas de sujeción y debe ser manipulado entre dos personas.

El almacén presenta un suelo firme, aunque con cierta presencia de polvo debido a obras recientes, y una temperatura interior elevada (alrededor de 30 °C), ya que el sistema de climatización no se encuentra operativo. La iluminación es adecuada y el espacio disponible para el paso es limitado por la acumulación temporal de materiales.

En la sala de exposiciones, el suelo es liso y estable, pero los espacios de maniobra son reducidos. Se dispone de un carretillo manual en buen estado y de guantes de protección para facilitar el transporte. El tiempo estimado para realizar las tareas es de dos horas.

Durante la ejecución de las labores, Juan observa que una de las vitrinas tiene su centro de gravedad desplazado hacia un lateral debido a la distribución interna del cristal, lo que dificulta el equilibrio al levantarla. Además, debido al calor, nota fatiga y sudoración excesiva, lo que reduce la firmeza del agarre. En varias ocasiones, tiene que flexionar el tronco y girar el cuerpo para ajustar la posición de los objetos.

El responsable del servicio, al percatarse de la situación, recuerda la necesidad de aplicar las técnicas correctas de manipulación manual de cargas, de utilizar las ayudas mecánicas disponibles y de planificar adecuadamente el trabajo para reducir el riesgo de lesiones dorsolumbares y otros accidentes derivados de las condiciones del entorno.

Cuestiones

1. En el supuesto descrito, el principal riesgo derivado de las tareas que realiza Juan es:

a) El riesgo de caídas a distinto nivel.
b) El riesgo dorsolumbar por manipulación manual de cargas.
c) El riesgo eléctrico por instalaciones defectuosas.
d) El riesgo por exposición a agentes químicos.

2. Según el Real Decreto 487/1997, se considera manipulación manual de cargas:

a) Solo el levantamiento de objetos superiores a 25 kg.
b) Únicamente las tareas realizadas en almacenes o talleres.
c) Exclusivamente el transporte de objetos a mano.
d) Cualquier operación de transporte o sujeción que implique esfuerzo físico humano.

3. En el caso de las cajas de folletos de 15 kg, el esfuerzo físico necesario puede suponer un riesgo si:

a) Se utilizan ayudas mecánicas.
b) Se levanta la carga manteniendo la espalda recta.
c) Se realizan movimientos bruscos o giros del tronco.
d) Se comparte la carga entre dos trabajadores.

4. La primera medida preventiva que debe adoptarse ante una tarea de manipulación manual de cargas es:

a) Evitar la manipulación manual, utilizando medios mecánicos cuando sea posible.
b) Proporcionar guantes de protección.
c) Realizar pausas cada hora.
d) Evaluar únicamente el peso de la carga.

5. En el supuesto, la elevación de vitrinas por las escaleras supone un riesgo añadido debido a:

a) La estabilidad del suelo.
b) El uso del carretillo manual.

c) El desplazamiento del centro de gravedad y la falta de espacio.

d) La iluminación del entorno.

6. La temperatura en el lugar de trabajo puede:

a) Reducir la fatiga muscular.

b) Mejorar la concentración.

c) Aumentar la sudoración y disminuir la firmeza del agarre.

d) No afectar a la manipulación de cargas.

7. Manipular una carga sin asas adecuadas puede aumentar el riesgo de lesión porque:

a) Mejora el equilibrio del cuerpo.

b) Obliga a adoptar posturas forzadas y reduce la seguridad del agarre.

c) Permite un mejor control del peso.

d) No influye en la ergonomía.

8. El Real Decreto 487/1997 transpone al ordenamiento español una Directiva de la Unión Europea. ¿Cuál es?

a) Directiva 2003/88/CE.

b) Directiva 89/654/CEE.

c) Directiva 2002/44/CE.

d) Directiva 90/269/CEE.

9. Según la Guía Técnica del INSST, una carga igual o superior a 3 kg debe:

a) Considerarse siempre segura.

b) Ser evaluada si se manipula en condiciones ergonómicas desfavorables.

c) Manipularse únicamente entre dos personas.

d) Transportarse con ayudas mecánicas.

10. En el caso del supuesto, el uso del carretillo manual constituye una medida:

a) Correctiva.

b) Disciplinaria.

c) Técnica para evitar la manipulación manual.

d) Administrativa.

11. ¿Cuál sería la postura más adecuada para que Juan levante una carga desde el suelo?:

a) Doblar las piernas manteniendo la espalda recta.

b) Flexionar la espalda y mantener las piernas rectas.

c) Levantar con un solo brazo.

d) Inclinar el cuerpo hacia un lado.

12. Si Juan manipula las vitrinas con la ayuda de otra persona, esto implica que la capacidad de levantamiento conjunta será:

a) Igual a la suma de las capacidades individuales.
b) Superior a la suma de ambas capacidades.
c) Dos tercios de la suma de las capacidades individuales.
d) Inferior a un tercio de la suma de las capacidades individuales.

13. El riesgo dorsolumbar de Juan aumenta especialmente cuando:

a) La carga se mantiene próxima al cuerpo.
b) Realiza giros e inclinaciones del tronco.
c) Usa guantes de protección.
d) La temperatura es moderada.

14. Por la edad que tiene Juan, según la norma ISO 11228-1, el peso máximo recomendable en condiciones ideales es:

a) 10 kg.
b) 15 kg.
c) 25 kg.
d) 35 kg.

15. En el supuesto práctico, la existencia de polvo en el suelo puede provocar:

a) Un aumento de la temperatura corporal.
b) Una reducción del esfuerzo físico.
c) Una mejora de la visibilidad.
d) Un riesgo adicional de resbalones o caídas al mismo nivel.

16. Durante la jornada, Juan nota fatiga y sudoración excesiva. Según la normativa preventiva, antes de asignar tareas que impliquen manipulación manual de cargas, el Ayuntamiento debería garantizar:

a) La rotación del personal cada 30 minutos.
b) La vigilancia de la salud en relación con los riesgos específicos del puesto.
c) La disponibilidad de un botiquín en la sala.
d) Que el trabajador disponga de agua potable a demanda.

17. En el supuesto, Juan realiza la tarea sin haber recibido formación específica sobre manipulación manual de cargas. Esta falta de formación puede originar:

a) Una ejecución más rápida de la tarea.
b) Una reducción del tiempo de exposición al riesgo.
c) Un aumento del riesgo de lesiones dorsolumbares y musculoesqueléticas.
d) Una menor necesidad de vigilancia médica.

18. Ante la dificultad de levantar una de las vitrinas por su peso y centro de gravedad desplazado, el responsable decide pedir la opinión de Juan sobre cómo reorganizar la tarea. Esta actuación representa un ejemplo de:

a) Aplicación del principio de ergonomía participativa.
b) Delegación jerárquica.
c) Supervisión técnica.
d) Evaluación de desempeño.

19. Si Juan debe levantar una de las vitrinas de 30 kg por sí solo, según la guía técnica del INSST:

a) La situación sería tolerable si se usan guantes de protección.
b) Podría considerarse un riesgo no tolerable que requiere medidas preventivas inmediatas.
c) Se permitiría si se realiza con pausas de descanso.
d) Solo sería peligrosa en exteriores.

20. Al finalizar la primera hora de trabajo, el responsable reorganiza la tarea para que Juan alterne la manipulación de cajas con la colocación de paneles ligeros. Esta medida preventiva se adopta con el fin de:

a) Aumentar la productividad.
b) Evitar el uso del carretillo.
c) Mejorar la estética del montaje.
d) Reducir la fatiga física y prevenir lesiones por esfuerzo repetido.

Solución al supuesto n.º 5

1. b) El riesgo dorsolumbar por manipulación manual de cargas.

2. d) Cualquier operación de transporte o sujeción que implique esfuerzo físico humano.

3. c) Se realizan movimientos bruscos o giros del tronco.

4. a) Evitar la manipulación manual, utilizando medios mecánicos cuando sea posible.

5. c) El desplazamiento del centro de gravedad y la falta de espacio.

6. c) Aumentar la sudoración y disminuir la firmeza del agarre.

7. b) Obliga a adoptar posturas forzadas y reduce la seguridad del agarre.

8. d) Directiva 90/269/CEE.

9. b) Ser evaluada si se manipula en condiciones ergonómicas desfavorables.

10. c) Técnica para evitar la manipulación manual.

11. a) Doblar las piernas manteniendo la espalda recta.

12. c) Dos tercios de la suma de las capacidades individuales.

13. b) Realiza giros e inclinaciones del tronco.

14. c) 25 kg.

15. d) Un riesgo adicional de resbalones o caídas al mismo nivel.

16. b) La vigilancia de la salud en relación con los riesgos específicos del puesto.

17. c) Un aumento del riesgo de lesiones dorsolumbares y musculoesqueléticas.

18. a) Aplicación del principio de ergonomía participativa.

19. b) Podría considerarse un riesgo no tolerable que requiere medidas preventivas inmediatas.

20. d) Reducir la fatiga física y prevenir lesiones por esfuerzo repetido.

Supuesto sobre prevención de riesgos laborales

Juan Pérez trabaja como Auxiliar de Servicios Generales en el Ayuntamiento de Alicante, adscrito al edificio de la Concejalía de Urbanismo. Entre sus funciones habituales se encuentran el traslado de mobiliario, pequeños trabajos de mantenimiento, apoyo en montajes de eventos municipales y reparto de documentación entre departamentos.

Una mañana, el jefe de sección le solicita que cambie varias luminarias del techo en una de las salas de reuniones del segundo piso, utilizando una escalera de mano. Al llegar, Juan observa que la escalera disponible está desgastada y tiene un peldaño agrietado, pero, dado que la tarea es urgente y no hay otra escalera disponible, decide utilizarla de todos modos. Mientras trabaja, una compañera le comenta que se ha programado una formación sobre prevención de riesgos laborales, pero Juan no ha recibido ninguna notificación oficial ni ha participado en cursos de este tipo desde su incorporación al Ayuntamiento, hace más de dos años.

Al día siguiente, al terminar la sustitución de las lámparas, Juan nota un dolor intenso en la espalda al levantar una caja con material eléctrico sin ayuda ni medios mecánicos. Comunica la situación a su responsable, quien le indica que acuda a su médico de cabecera.

Cuestiones

1. Según la Ley 31/1995, la finalidad principal de la prevención de riesgos laborales es:

a) Evitar cualquier accidente o enfermedad profesional en la empresa.
b) Proteger al empresario de las responsabilidades derivadas de un accidente.
c) Promover la seguridad y la salud de los trabajadores mediante la aplicación de medidas y el desarrollo de actividades necesarias.
d) Sancionar a los trabajadores que incumplan las normas de seguridad.

2. El deber de protección en materia de prevención de riesgos corresponde a:

a) El trabajador.
b) El empresario o empleador público.
c) El comité de empresa.
d) El servicio de prevención ajeno.

3. En el caso de Juan, el uso de una escalera de mano en mal estado supone:

a) Un riesgo leve sin consecuencias.
b) Un incumplimiento del deber del trabajador.
c) Un incumplimiento del deber del Ayuntamiento de mantener los equipos de trabajo en condiciones seguras.
d) Una infracción del servicio de prevención.

4. La evaluación de riesgos laborales debe realizarse:

a) Únicamente al inicio de la actividad laboral.
b) Cada cinco años.
c) Solo cuando haya un accidente laboral.
d) Siempre que cambien las condiciones de trabajo.

5. Según la Ley 31/1995, la formación preventiva debe impartirse:

a) Dentro de la jornada laboral y sin coste para el trabajador.
b) En horario fuera de jornada y con compensación económica.
c) Solo al personal fijo.
d) De forma opcional según el puesto.

6. Si Juan no ha recibido formación en prevención de riesgos laborales desde su incorporación, se está vulnerando el derecho a:

a) Participar en la gestión preventiva.
b) Formación e información adecuada.
c) Vigilancia de la salud.
d) Indemnización por riesgo.

7. La información sobre los riesgos del puesto de trabajo debe ser proporcionada:

a) Por los delegados de personal.
b) Por los servicios de prevención.
c) Por el Ayuntamiento, como empleador.
d) Por los compañeros con más experiencia.

8. La vigilancia de la salud de los trabajadores debe realizarse:

a) De forma voluntaria, confidencial y gratuita.
b) Obligatoriamente y con coste compartido.
c) Solo tras un accidente.
d) Una vez cada cinco años.

9. Si Juan detecta una escalera en mal estado, debe:

a) Usarla con precaución.
b) Repararla él mismo.
c) Comunicarlo de inmediato a su superior o al servicio de prevención.
d) Ignorarlo si la tarea es urgente.

10. El Ayuntamiento, como empleador público, tiene la obligación de:

a) Contratar un seguro privado de accidentes.
b) Garantizar la seguridad y salud de los trabajadores en todos los aspectos relacionados con el trabajo.
c) Dejar la responsabilidad en los trabajadores.
d) Aplicar la ley solo a personal funcionario.

11. En materia preventiva, los trabajadores tienen la obligación de:

a) Crear sus propias normas de seguridad.
b) No cooperar con el servicio de prevención.
c) Utilizar correctamente los medios y equipos de trabajo proporcionados.
d) Asumir los costes de la formación.

12. El servicio de prevención en el Ayuntamiento tiene como función principal:

a) Supervisar el cumplimiento de la ley.
b) Organizar la actividad preventiva y asesorar técnicamente.
c) Sancionar a los trabajadores.
d) Dirigir las tareas de mantenimiento.

13. Si Juan sufre una lesión lumbar derivada del trabajo, se considera:

a) Una enfermedad común.
b) Un error médico.
c) Un incidente sin responsabilidad empresarial.
d) Un accidente laboral, si se demuestra su relación con la actividad desempeñada.

14. En caso de accidente, el empresario público debe:

a) Esperar el parte médico.
b) Notificarlo a la autoridad laboral y al servicio de prevención.
c) Esperar a la denuncia del trabajador.
d) No intervenir, si no hay daños materiales.

15. La planificación de la actividad preventiva debe realizarse:

a) Después de la evaluación de riesgos.
b) Antes de la contratación de personal.
c) Solo si hay un accidente.
d) De manera informal.

16. En el caso de Juan, la falta de sustitución de la escalera defectuosa demuestra una carencia en:

a) Formación del trabajador.
b) Mantenimiento preventivo de equipos de trabajo.
c) Coordinación administrativa.
d) Vigilancia de la salud.

17. Cuando un trabajador considera que su integridad está en riesgo, puede:

a) Abandonar el puesto sin previo aviso ni consecuencias.
b) Interrumpir la actividad y comunicarlo inmediatamente a su superior, sin ser sancionado.
c) Negarse a trabajar permanentemente.
d) Denunciarlo directamente a los medios de comunicación.

18. La decisión del jefe de sección de ordenar el uso de la escalera defectuosa implica:

a) Ninguna responsabilidad, porque el trabajador es quien la usa.
b) Una infracción del deber de protección del Ayuntamiento.
c) Una actuación correcta si el trabajo era urgente.
d) Un simple error de organización sin consecuencias.

19. La medida preventiva adecuada para evitar lesiones lumbares sería:

a) Aumentar la jornada de trabajo.
b) Evitar cualquier tarea de transporte.
c) Delegar la tarea en otro trabajador.
d) Usar técnicas adecuadas de levantamiento y medios mecánicos.

20. Ante el dolor de espalda, el superior indica que acuda al médico de cabecera. ¿Qué debería haberse hecho además?

a) Comunicarlo al servicio de prevención o mutua laboral.
b) Ignorar el incidente por no haber baja médica.
c) Esperar a la próxima revisión médica anual.
d) Tramitar una sanción por no usar faja.

21. Si Juan no ha recibido formación preventiva desde su incorporación, el Ayuntamiento:

a) Está cumpliendo la ley si le entregó el manual de bienvenida.
b) Incumple su obligación de proporcionar formación inicial y periódica.
c) No tiene responsabilidad.
d) Puede compensarlo con un plus de riesgo.

22. El Ayuntamiento debería disponer de un plan de prevención que incluya:

a) La estructura organizativa, las responsabilidades y los procedimientos preventivos.
b) Solo la lista de accidentes ocurridos.
c) Un registro de ausencias laborales.
d) Los horarios de formación.

23. En la comunicación del accidente de Juan, el responsable debe informar:

a) Solo a Recursos Humanos.
b) Al servicio de prevención y al delegado de prevención.
c) Únicamente al médico de cabecera.
d) Al jefe de mantenimiento.

24. El derecho de los trabajadores a participar en la gestión preventiva se ejerce mediante:

a) El comité de empresa o delegados de prevención.
b) Los jefes de servicio.
c) La Inspección de Trabajo.
d) El concejal delegado.

25. Si Juan decide interrumpir su tarea por considerar peligroso el uso de la escalera, el Ayuntamiento:

a) Podría sancionarlo.
b) No puede sancionarlo, pues está amparado por la Ley 31/1995.
c) Podría suspenderle temporalmente.
d) Podría trasladarlo de puesto.

Solución al supuesto n.º 6

1. c) Promover la seguridad y la salud de los trabajadores mediante la aplicación de medidas y el desarrollo de actividades necesarias.

2. b) El empresario o empleador público.

3. c) Un incumplimiento del deber del Ayuntamiento de mantener los equipos de trabajo en condiciones seguras.

4. d) Siempre que cambien las condiciones de trabajo.

5. a) Dentro de la jornada laboral y sin coste para el trabajador.

6. b) Formación e información adecuada.

7. c) Por el Ayuntamiento, como empleador.

8. a) De forma voluntaria, confidencial y gratuita.

9. c) Comunicarlo de inmediato a su superior o al servicio de prevención.

10. b) Garantizar la seguridad y salud de los trabajadores en todos los aspectos relacionados con el trabajo.

11. c) Utilizar correctamente los medios y equipos de trabajo proporcionados.

12. b) Organizar la actividad preventiva y asesorar técnicamente.

13. d) Un accidente laboral, si se demuestra su relación con la actividad desempeñada.

14. b) Notificarlo a la autoridad laboral y al servicio de prevención.

15. a) Después de la evaluación de riesgos.

16. b) Mantenimiento preventivo de equipos de trabajo.

17. b) Interrumpir la actividad y comunicarlo inmediatamente a su superior, sin ser sancionado.

18. b) Una infracción del deber de protección del Ayuntamiento.

19. d) Usar técnicas adecuadas de levantamiento y medios mecánicos.

20. a) Comunicarlo al servicio de prevención o mutua laboral.

21. b) Incumple su obligación de proporcionar formación inicial y periódica.

22. a) La estructura organizativa, las responsabilidades y los procedimientos preventivos.

23. b) Al servicio de prevención y al delegado de prevención.

24. a) El comité de empresa o delegados de prevención.

25. b) No puede sancionarlo, pues está amparado por la Ley 31/1995.

Supuesto sobre Plan de Autoprotección

Edelmiro es Auxiliar de Servicios Generales en el Ayuntamiento de Alicante; su puesto de trabajo está ubicado en la quinta planta del edificio donde esta tiene su sede, que tiene un total de once plantas.

La capacidad estimada del edificio es de unas 1.200 personas.

Edelmiro forma parte del Equipo de Primera Intervención junto con otro compañero que trabaja en la segunda planta del mismo edificio.

El Jefe entrega a Edelmiro un Plano del edificio, donde se representan todas las señalizaciones e instalaciones de evacuación y protección contra incendios con que cuenta el edificio, para que compruebe que todas se encuentran perfectamente visibles, correctamente instaladas y en buen estado.

Cuestiones

1. ¿Es aplicable la *Norma Básica de Autoprotección de los centros, establecimiento y dependencias dedicados a actividades que puedan dar origen a situaciones de emergencia* al edificio en que trabaja Edelmiro?

a) Sí, porque se trata de un edificio público.
b) Sí, porque la altura de evacuación del edificio es superior a 28 metros.
c) No, porque dispone de una ocupación inferior a 2.000 personas.
d) No, porque la altura de evacuación del edificio es inferior a 40 metros, aunque su ocupación sea superior a 1.000 personas.

2. ¿Quién es el responsable en el edificio donde trabaja Edelmiro de activar el Plan de Actuación en Emergencias?

a) El Presidente de la Corporación.
b) Un miembro del Equipo de Alarma y Evacuación.
c) El Director del Plan de Actuación en Emergencias.
d) El Jefe de Intervención.

3. ¿En qué capítulo del Plan de Autoprotección se contiene el Plan de Actuación ante Emergencias?

a) Capítulo 1.
b) Capítulo 2.
c) Capítulo 4.
d) Capítulo 6.

4. ¿Con qué periodicidad máxima se ha de revisar el Plan de Autoprotección?

a) Una vez al año.
b) Cada 3 años.
c) Cada 5 años.
d) Cada 10 años.

5. ¿En qué capítulo del Plan de Autoprotección se hace figurar la identificación de los titulares y el emplazamiento de la actividad?

a) Capítulo 1.
b) Capítulo 2.
c) Capítulo 5.
d) Capítulo 9.

6. ¿Cómo se denomina al aviso o señal por la que se informa a las personas para que sigan instrucciones específicas ante una situación de emergencia?

a) Alerta.
b) Peligro.
c) Alarma.
d) Riesgo.

7. Si se diera una situación que para ser dominada requiriese la actuación de equipos especiales del sector, no siendo previsible que afectara a sectores colindantes, Edelmiro sabría que está ante una situación:

a) De preemergencia.
b) De conato de emergencia.
c) De emergencia general.
d) De emergencia parcial.

8. Si Edelmiro tuviese que avisar de forma rápida a los equipos de emergencia del propio establecimiento e informar al resto de los equipos y solicitar en su caso ayudas de intervención externa ante una situación de emergencia, estaría dando una:

a) Alarma.
b) Alerta.

c) Señal de socorro.
d) Orden de evacuación.

9. El refugio en una dependenc a del edificio ante un riesgo exterior o interior que desaconseje la evacuación, se denomina:

a) Encierro.
b) Preevacuación.
c) Confinamiento.
d) Retirada parcial.

10. Como miembro del Equipo de Primera Intervención, Edelmiro deberá:

a) Establecer la situación de emergencia en función del nivel de gravedad.
b) Valorar la emergencia.
c) Acudir al lugar donde se ha producido la emergencia con objeto de controlarla.
d) Asumir la dirección y coordinación de los equipos de emergencia en el lugar del accidente.

11. Es una función de Edelmiro, como miembro del Equipo de Primera Intervención:

a) Señalar las anomalías que se produzcan en los sistemas de protección encomenda-dos y conseguir su rápida reparación.
b) Proponer periódicamente, y en su caso, organizar los simulacros de emergencia.
c) Conducir ordenadamente la evacuación de la planta o zona asignada y abandonar-la, previa comprobación de que no queda nadie atrapado o lesionado.
d) Controlar el traslado de las personas afectadas prestando los primeros auxilios a los accidentados con los medios disponibles en ese momento.

12. Edelmiro comprobará que las señales de salida de emergencia, cuando la distan-cia de observación esté comprendida entre 20 y 30 metros, tienen el siguiente tamaño:

a) 21 x 21 cm.
b) 42 x 42 cm.
c) 30 x 30 cm.
d) 59,4 x 59,4 cm.

13. Edelmiro comprobará que se dispone de señales indicativas de los recorridos de evacuación, visibles desde todo origen de evacuación desde el que no se perci-ban directamente las salidas o sus señales indicativas y en particular, frente a toda salida de un recinto que acceda lateralmente a un pasillo, si el recinto tuviera una ocupación mayor de:

a) 30 personas.
b) 50 personas.
c) 70 personas.
d) 100 personas.

14. Los pulsadores de alarma deben estar situados de modo que la distancia máxima a recorrer, desde cualquier punto hasta alcanzar un pulsador, no supere los:

a) 10 metros.
b) 25 metros.
c) 40 metros.
d) 50 metros.

15. La señal del sistema de comunicación de alarma debe ser, además de audible, visible cuando el nivel de ruido donde deba ser percibida supere los:

a) 40 decibelios.
b) 60 decibelios.
c) 80 decibelios.
d) 100 decibelios.

16. Edelmiro debe comprobar que la parte superior de los extintores instalados no supera una altura de:

a) 1,20 metros sobre el suelo.
b) 1,50 metros sobre el suelo.
c) 1,70 metros sobre el suelo.
d) 1,90 metros sobre el suelo.

17. La distancia de separación máxima entre cada boca de incendio equipada (BIE) con manguera semirrígida o manguera plana y su más cercana será de:

a) 25 metros.
b) 30 metros.
c) 40 metros.
d) 50 metros.

18. En condiciones normales de funcionamiento, el peso de un extintor de incendio portátil será igual o inferior a:

a) 10 kilos.
b) 20 kilos.
c) 25 kilos.
d) 30 kilos.

19. La distribución de los extintores será tal que el recorrido máximo horizontal, desde cualquier punto del sector de incendio, que deba ser considerado origen de evacuación, hasta el extintor, no supere:

a) Los 10 metros.
b) Los 15 metros.

c) Los 25 metros.
d) Los 50 metros.

20. ¿Cuál de los siguientes sistemas para el control de humos y de calor se recomienda en aparcamientos?

a) Sistema de flotabilidad de los gases calientes.
b) Sistema presurización diferencial.
c) Sistema de ventilación horizontal.
d) Sistema de extracción de humos.

21. Para qué clase de fuego son óptimos los siguientes extintores:

EXTINTOR	CLASES DE FUEGO
Espuma	
Agua chorro	
Polvo	
CO_2	
Agua pulverizada	

22. Relaciona cada parte del extintor con el número correspondiente:

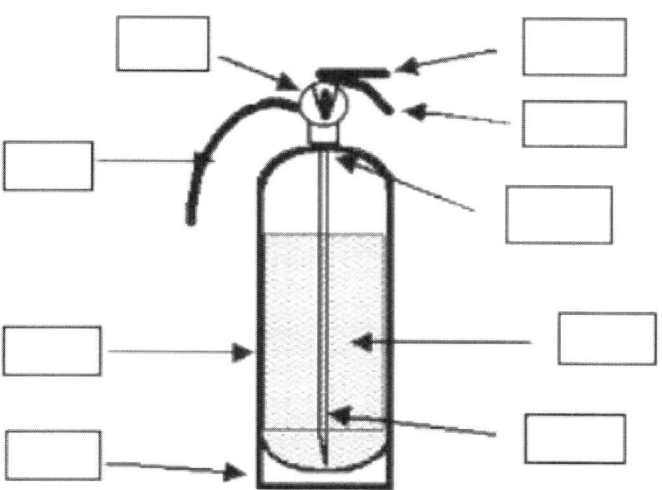

PARTES DEL EXTINTOR	NÚMERO
Tubo sifón	1
Manómetro	2
Palanca de activación	3
Agente extintor	4
Base	5
Manija de transporte	6
Recipiente	7
Presurizante	8
Manguera	9

Solución al supuesto n.º 7

1. b) Sí, porque la altura de evacuación del edificio es superior a 28 metros.

2. c) El Director del Plan de Actuación en Emergencias.

3. d) Capítulo 6.

4. b) Cada 3 años.

5. a) Capítulo 1.

6. c) Alarma.

7. d) De emergencia parcial.

8. b) Alerta.

9. c) Confinamiento.

10. c) Acudir al lugar donde se ha producido la emergencia con objeto de controlarla.

11. a) Señalar las anomalías que se produzcan en los sistemas de protección encomendados y conseguir su rápida reparación.

12. d) 59,4 x 59,4 cm.

13. d) 100 personas.

14. b) 25 metros.

15. b) 60 decibelios.

16. a) 1,20 metros sobre el suelo.

17. d) 50 metros.

18. b) 20 kilos.

19. b) Los 15 metros.

20. d) Sistema de extracción de humos.

21.

EXTINTOR	CLASES DE FUEGO
Espuma	A, B y F
Agua chorro	A
Polvo	A, B, C y eléctricos
CO_2	A, B, C y eléctricos
Agua pulverizada	A y B

22.

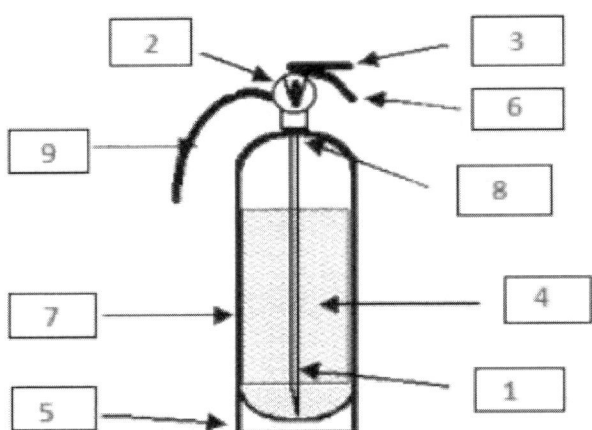

Cómo acceder al Curso

Auxiliar de Servicios Generales
Test y Supuestos Prácticos

El uso de los códigos **es exclusivo de los compradores de los productos de Editorial MAD**. Cada producto posee un código único y de un solo uso. Es personal e intransferible y da acceso a servicios y contenidos adicionales. Editorial MAD se reserva el derecho de hacer cuantas comprobaciones sean necesarias para identificar al legítimo poseedor del código y dejar de dar servicio a quien haga uso fraudulento del mismo, además de emprender cuantas acciones legales estime oportunas según la legislación vigente.

Deberás acceder a:

mad.es/registro-campus

Si una vez aceptadas las condiciones de uso del Campus decides hacer uso del mismo, necesitarás del siguiente código de acceso junto con los códigos del resto de títulos que se exigen (si fuera el caso):

5XC23KAPMI